サンティアゴ・デ・
コンポステーラ
と巡礼の道
グザヴィエ・バラル・イ・アルテ 著
杉崎泰一郎 監修
遠藤ゆかり 訳
9世紀に現在のスペインの
サンティアゴ・デ・コンポステーラで、
イエス・キリストの使徒のひとりである
聖ヤコブの墓が発見された。(略)
その後聖ヤコブ崇拝が広まり、
サンティアゴ・デ・コンポステーラは聖地となっ
キリスト教文明が最盛期をむかえた中世には
大規模な巡礼が行なわれた。
「知の再発見」双書159
絵で読む世界文化史

日本語版監修者序文

杉崎泰一郎

スペインの西北端にあるサンティアゴ・デ・コンポステーラの地は，イベリア半島のみならずヨーロッパ・キリスト教世界の西の終着点ともいえる。このいわば最果ての地には，9世紀に聖ヤコブの墓が発見されたという話が広まってから，ローマ，エルサレムとならぶ3大巡礼地のひとつとして，ヨーロッパ各地から多くの巡礼者が訪れるようになり，現在もこの霊場を詣でる人はひきもきらない。

聖ヤコブすなわちサンティアゴはキリストの弟子である12使徒のひとりで，キリストが死んだあとも布教活動を行ない，紀元41～44年ころにユダヤ王ヘロデ・アグリッパの迫害によって斬首されたと伝えられる。聖書はその生涯について詳しく伝えていないが，6世紀ころ書かれた殉教記などで伝説的なエピソードが語られ，西ヨーロッパに伝わって長く信じられた。それによると，聖ヤコブはイベリア半島に渡って布教につとめ，ユダヤの地に戻ってエルサレムで殉教し，その遺骸は海路イベリア半島に戻り，埋葬されたという。天使が星によって遺骸をのせた船を導いたという言い伝えや，星の光に導かれた隠者と信徒たちが墓を発見したという伝説が，コンポステーラすなわち「星の野」と関連を持つともいわれる。この物語のように，キリストゆかりの人物がヨーロッパで布教して，そこに葬られるというのは突飛に思われるかもしれないが，同様の言い伝えは中世に数多く語られた。たとえばキリストに従ったマグダラのマリアや，キリストが墓から甦らせたラザロ，ラザロの姉妹ともいわれるマルタがフランスに渡ったという話などが広まった。そして彼らの墓があるといわれる教会は巡礼地として大いににぎわった。その最大級のものがサンティアゴ・デ・コンポステーラで，貴賤の老若男女の巡礼者たちが聖ヤコブの墓をさまざまな願いのもとに目指したのである。

それにしてもサンティアゴ・デ・コンポステーラが，なぜこれほどまでに巡礼者を集めたのか。ひとつには8世紀に北アフリカからジブラルタル海峡を越えてイベリア半島に攻め込み，ピレネー山脈にいたるその大半を支配したイスラム教徒に対する戦い，すなわち国土回復戦争があった。当時のキリスト教世界を代表するカール大帝やスペイン北部アストゥリアスの王アルフォンソ２世はイベリア半島奪還のためにおおいに戦った。聖ヤコブの墓が発見されたという話はこのころから語られ，聖ヤコブは戦いの精神的支柱となって信仰された。さらに844年のクラビホの戦いでは馬にまたがった聖ヤコブが騎士として戦を勝利に導いたとの話が広まり，「ムーア人（イスラム教徒）殺しの聖ヤコブ」というイメージも生まれた。

もうひとつは中世の聖人礼拝，とくに聖人の遺体やキリストや聖人が残した物を礼拝する信仰の高まりである。12世紀に書かれて現在もサンティアゴ・デ・コンポステーラ大聖堂に残る『聖ヤコブの書』には巡礼案内の書が含まれ，フランス各地から同地にむかう4つの路について，途中で訪れるべき各地の教会とその地域の紹介，葬られている聖者の生涯，難所の詳しい説明などが記されている。そこからは巡礼者たちが苦難に満ちた徒歩の旅を進めたことが伝わってくる。彼らは故郷の教会で祝福を受けて出発し，教会，修道院，救護院に宿泊しながら，病気，貧困，強盗，オオカミなどの危険と隣り合わせの旅をつづけた。旅先の生活を定める戒律はなかったが，フードつきの長い衣をまとい，杖と袋を持ち，ホタテガイを身につけた。たいていは集団で旅し，キリスト，マリアや有名な聖人の聖遺物を祭る教会や修道院をめぐりながら，遠い目的地をめざした。巡礼の目的は，罪を犯した者が贖いの旅を教会から命じられたこともあったが，多くは自由意思によるものと思われ，この点はイスラム世界のメッカ巡礼とは性格を異にする。

彼らは行く先々の教会で，病気治癒や罪の許しなどさまざまな願いをこめて聖人の墓にぬかずき，寄進を行なった。これは目的地のサンティアゴ・デ・コンポステーラ大聖堂のみならず，巡礼路にある教会に豊かな富をもたらし，教会は豪華な宝物，装飾美術で満ち，建築も巡礼者が聖遺物を礼拝できるような形式になった。ロマネスク芸術の開花である。著者グザヴィエ・バラル・イ・アルテは美術史の専門家であることから，巡礼が中世の文化を熟成させる現象でもあったことを，巡礼路に建てられた教会の装飾，建築，工芸品の豊富な図版を交えて本書で鮮やかに示している。

西暦2000年という年はカトリック教会では聖年とされ，これを機に巡礼は再び脚光を浴びることとなった。12世紀の巡礼案内の書に記載されている巡礼の路には，いまでも巡礼者を受け入れる案内を掲示し，各種サービスを提供する部屋を設けている教会がある。個人的な経験になるが，巡礼路の出発点のひとつヴェズレーの教会を訪れた際に，出発を祝福する礼拝に偶然出くわしたことがある。この12世紀に建てられたロマネスク建築の聖堂で，修道士と修道女が心洗われるような朝の祈りを歌い上げ，その終わりにハイカーの姿をした巡礼者たちが，9月のやわらかい朝日に満ちた内陣で祝福を受けていた。それは中年夫婦，学生風の若者，定年後の男性といったまさに老若男女だった。リュックサックを背負った身なりは現代風だが，遠くサンティアゴ・デ・コンポステーラにいたるこの路と，歩くことに魅せられる人の性は昔と変わることはない，などと感傷にひたるうち，彼らはあっという間に颯爽とヴェズレーの丘を降りて，朝もやの中に消えていってしまった。

巡礼の途上で起きた奇跡

中世では，巡礼の途上で起きた奇跡はみな，聖母マリアと使徒ヤコブによるものと考えられていた。13世紀末にアルフォンソ10世（カスティーリャ＝レオン王）が編纂した『聖母マリアのカンティーガ（頌歌《しょうか》）集』には，そうした広く民間に伝わった聖母マリアと使徒ヤコブに関する奇跡の物語が数多く収められている。

☆　☆

「このように聖母マリアは，泣きながら祭壇の前で眠りに落ちた，妊娠した女子修道院長を救った」

「このように聖母マリアは，サンティアゴ・デ・コンポステーラへ向かう途中，悪魔にそそのかされて道を踏みはずし自殺した，巡礼者を生きかえらせ悔い改めさせた」

「このように聖母マリアは，ソワソン〔フランス北部〕の教会に向かう途中，夜中に道をまちがえた巡礼者たちを導いた」

「このように，ロカマドゥール〔フランス南西部〕へ向かう途中，ある町に泊まった巡礼者たちは，宿の女主人から小麦粉を盗まれた」

「このように聖母マリアは，海の危険から商人を守った」

「このように聖母マリアは，ムーア人の捕虜となって沖合に連れて行かれた隠者を，ムーア人の出発を妨げることで解放した」

「このように聖母マリアは，ロカマドゥールへ向かう巡礼者たちから盗まれた一切れの肉を発見させた」

「このように，ある善人が息子のひとりとサンティアゴ・デ・コンポステーラに巡礼する途中，トゥールーズ〔フランス南部〕で息子が無実の罪で絞首刑に処せられたが，聖母マリアは彼を生きかえらせた」

Como o padre cõpriu sa romaria a Santiago e fez sa oraçon.
C. o padre tornou a Tolosa e foy veer seu fillo e achou o vivo são.
C. o padre o foy dizer ao baylle com estava seu fillo na forca vivo
C. o baylle foy alo e deceu o romeo da forca.
C. o baylle foy prender o hospede e cõnoceu sa traiçõ que fezera.
C. dero a o hospede morte qual mereceu per sa maldade.

CONTENTS

サンティアゴ・デ・コンポステーラと巡礼の道

グザヴィエ・バラル・イ・アルテ❖著
杉崎泰一郎❖監修

「知の再発見」双書 159
創元社

❖9世紀に現在のスペインのサンティアゴ・デ・コンポステーラで，イエス・キリストの使徒のひとりである聖ヤコブの墓が発見された。聖ヤコブはヒスパニア（スペイン）で布教を行ない，エルサレムへもどったあと，ユダヤ王ヘロデ・アグリッパによって殺害された。その遺体が運ばれ，埋葬されたのが，スペインのサンティアゴ・デ・コンポステーラだったのである。その後聖ヤコブ崇拝が広まり，サンティアゴ・デ・コンポステーラは聖地となった。キリスト教文明が最盛期をむかえた中世，とくに11世紀と12世紀には，大規模な巡礼が行なわれた。…………………………………………………………………

第1章

「ムーア人殺し」の聖ヤコブ

〔左頁〕ペレス・デ・アレシオ『ムーア人殺しの聖ヤコブ』（16世紀）――この絵に見られるような無数の英雄的行為がサンティアゴ・デ・コンポステーラと結びつけられているが，いずれも明確な根拠はない。

9世紀以降，スペイン北部のキリスト教国の王たちは，イスラム教徒（ムーア人）との領土をめぐる激しい戦いのなかで，しだいに聖ヤコブを守護聖人として崇拝するようになったものと思われる。

⇨フェレール・ハイメ『最後の晩餐』（15世紀）に描かれた聖ヤコブ

聖ヤコブ

聖ヤコブは，イエス・キリストの12人の使徒（高弟）のひとりであり，そのなかでもペテロやヨハネとならぶ「特別な弟子」のひとりだった。使徒のなかにもうひとりヤコブ（小ヤコブ）という人物がいたため，区別するために古くから「大ヤコブ」とも呼ばれている。

聖ヤコブはイエス・キリストの生涯における重要な場面につねに居合わせ，イエスが逮捕されたときもその場にいた。しかし，彼の生涯についてわかっていることは，あまりない。彼の人となりについて，聖書はなにも語っていないのである。

そのこともあって，イエス・キリストの3人の特別な弟子のひとりであるにもかかわらず，聖ヤコブは初期キリスト教時代の文学にほとんど登場していない。聖書の「使徒言行録」によれば，彼は紀元41〜44年ころ，キリスト教に対する最初の大きな迫害の時期に，ユダヤ王ヘロデ・アグリッパによって斬首刑に処せられている。

その後の『殉教記』と題された本には，聖ヤコブの生涯と殉教にまつわる詳しい話が書かれているが，その多くが伝説で，歴史的事実を見分けるのは難しい。

6世紀ころ，イエス・キリストの12人の使徒が師の教えを説くために世界各地に散らばったという，「使徒の離散」という思想が誕生した。この思想は当初ギリシア語で

⇧聖ヤコブの生涯を描いた絵——中世初期から現代まで，聖ヤコブとサンティアゴ・デ・コンポステーラへの巡礼に関する，さまざまな芸術作品が作られてきた。

伝承によれば，イエス・キリストの死後，使徒たちはさまざまな国へおもむき，布教活動を行なった。聖ヤコブはスペインへ行ったが，たいした成果をあげることができず，エルサレムにもどったのだという。

エルサレムで彼は，有名な魔術師ヘルモゲネスとその弟子ピレトスと対決し，彼らを改宗させた。しかしその後，ユダヤ王ヘロデ・アグリッパによって殺害されてしまった。

⇦聖ヤコブとヘルモゲネスを描いたヒエロニムス・ボスの絵。

⇩ガリシアで埋葬される聖ヤコブの遺骸――聖ヤコブの殉教後，彼の弟子たちは師の遺骸を小舟に乗せ，海を渡った。7日後，彼らはヒスパニア（スペイン）北西部のガリシアに上陸し，石の上に師の遺骸を置くと，石は棺の形になった。

その後，弟子たちは女王ルパのもとに行った。女王は彼らを追いはらおうと，さまざまな計略をめぐらせたが，最後にはキリスト教に改宗した。

書かれ，のちにラテン語で修正された使徒たちの伝記である『使徒断章』によって，西ヨーロッパのキリスト教社会に広まっていった。『使徒断章』には，聖ヤコブの墓がある場所は，「アチェ・マルマリカ」という地名だと書かれている。それがいつのまにか，「スブ・アルキス・マルモリキス（「大理石のアーチの下」）という場所に変わっていった。

墓の発見

キリスト教が迫害された時期，聖ヤコブの墓は放置

⇧聖ヤコブの墓を発見したテオドミルス──『イリア年代記』には，聖ヤコブの墓を発見したのはイリア・フラビア司教のテオドミルスだったと書かれている。

サンティアゴ大聖堂の地下を発掘した結果，テオドミルスの墓石が見つかった。その墓石に刻まれた文章から，テオドミルスが自分の管轄する教会ではなく，聖ヤコブの墓の近くに埋葬してほしいと望んでいたことがわかる。彼は自分の発見した墓が本物だったと確信していたのである。

〔右頁右下〕カスティーリャ＝レオン王のアルフォンソ10世。

され，しだいにその場所さえ忘れられていった。しかしフランク王カール大帝と，スペイン北西部を支配していたアストゥリアス王アルフォンソ2世（759～842年）の時代になって，聖ヤコブの墓が発見されるという大ニュースがかけめぐった。『アンテアルタレスの和解』（1077年）という文書によると，9世紀初頭に，スペイン北西部のガリシアにあるサン・フェリス教会の近くにペラギヌスという名前の隠者が住んでいた。ペラギヌスは，聖ヤコブの遺骸がその地にあることを天使によって告げられた。教会の信者たちも，神々しい光がさすのを見た。イリア・フラビア司教のテオドミルスは，その光を自分の目で確かめると，信者たちをつれて光がさし示す場所へ行った。そしてそこに大理石でおおわれた墓を発見したのである。

この出来事を知ったアルフォンソ2世は，すぐに3つの教会を建てさせた。現在のサンティアゴ・デ・コンポステーラ大聖堂は，この3つの教会のひとつであるアンテアルタレス

⇦ロンスヴォーでローランの遺骸を発見したカール大帝――778年，カール大帝の軍隊は，ピレネー山中のロンスヴォーでイスラム軍の攻撃を受けた。この出来事をもとに，『ローランの歌』という武勲詩がつくられたが，この詩がどのようにして現在の形になったかは，謎につつまれている。

教会があった場所に，のちに建てられたものである。

発見時の状況

8世紀末から9世紀初頭のイベリア半島では，つねに戦闘がたえなかった。当時，スペイン北部はアストゥリアスやレオンなどのキリスト教国が，南部はイスラム教国のアル・アンダルスが支配し，争いをつづけていたのである。一方，カール大帝はフランスとスペインの国境に位置するピレネー山脈に防衛の拠点をもうけ，その南ではバスク人が周辺諸国と対立していた。

イスラム教徒に領土と財産を支配されていたイベリア半島のキリスト教国にとって，その回復は悲願となっていた。なかでもアストゥリアス王アルフォンソ2世は積極的に軍事作戦を展開し，国境沿いに城や要塞を建設した。その結果，彼はオビエドの戦いでイスラム軍に勝利し，国土を拡大することに成功した。

この戦いでアルフォンソ2世が得たものは，軍事的勝利だけではなかった。彼は，6世紀後半にイベリア半島を統一したものの8世紀初頭にイスラム軍の攻撃によって崩壊した，西ゴート王国の政治組織や教会組織を再建したのである。さらに文化面での復興もなしとげ，フランク王カール大帝と同盟関係を結ぶことで，国家の安泰をはかった。このような状況のなか，聖ヤコブ

の墓が発見されたのである。

その後，聖ヤコブはしだいにキリスト教国スペインの象徴になり，さらには保護者となっていった。彼の墓が発見された少しあとの844年に，聖ヤコブはクラビホの戦いに戦士の姿であらわれ，イスラム軍を撃退したと伝えられている。

このときから聖ヤコブはイスラム教徒との戦いにおけるキリスト教徒の守護聖人となり，「ムーア人（イスラム教徒）殺し」の聖ヤコブとよばれるようになった。

⇦鐘《かね》を運ぶ人びとを描いた木の浮彫り。

⇙クラビホの戦いを描いたフレスコ画――サンティアゴ・デ・コンポステーラは「三日月〔イスラム教の象徴〕に対する十字架の戦い」ともよばれたスペインの「レコンキスタ（国土回復運動）」を象徴していた。

伝説によれば，844年に聖ヤコブはクラビホの戦いで白馬に乗った戦士の姿で登場し，イスラム教徒と戦うキリスト教徒に勝利をもたらした。

このときから，聖ヤコブは「ムーア人（イスラム教徒）殺し」の聖ヤコブとよばれるようになった。

伝説の誕生とサンティアゴ騎士団の設立

聖ヤコブがキリスト教徒をイスラム教徒から守る守護聖人であるという考えは，アストゥリアス王に重んじられていた修道院長ベアトゥスが776年に書いた『黙示録注釈』のなかにすでにあらわれている。聖ヤコブの墓が発見されたころの政治情勢から，聖ヤコブにはレコンキスタ〔イスラム教徒に支配されていたイベリア半島での，キリスト教国による国土回復運動〕の精神的指導者としてのイメージが定着したのである。

また，当時は聖遺物〔イエスやマリアの遺品，聖人たちの遺骸や遺品など〕への信仰も高まっていた。聖遺物信仰は，大勢の巡礼者を引きよせ，多くの寄進を得る手段になるため，各教会や修道院はさまざまな手を使って聖遺物を所有したいと考えるようになった。

人里離れたスペイン北西部のガリシアで聖ヤコブの墓が発見されたことは，多くの人の関心をよび，墓を中心としてサンティアゴ・デ・コンポステーラの町が建設された。

一連の出来事は，信仰の保証とレコンキスタの希望というイメージが強く結びつけられた。そのイメージは，キリスト教徒自身から見ても，ときに行きすぎと思われることもあった。1161年ころにレオン王フェルナンド２世は，テンプル騎士団〔聖地エルサレムへの巡礼者を保護するために設立された騎士修道会〕から着想を得て，異教徒と戦う聖ヤコブに対する崇拝を基礎とするサンティアゴ騎士団を設立した。サンティアゴ騎士団はレコンキスタの時代に大きな政治的・経済的成功を収めたが，そのあり方はときに傲慢だと批判された。

初期の聖ヤコブ崇拝

聖ヤコブの墓が発見されたあと，アルフォンソ２世が建てさせた教会は，身廊《しんろう》〔教

⇩サンティアゴ騎士団の騎士たち――サンティアゴ騎士団が設立された12世紀以降，騎士道は中世文学の中心的なテーマとなった。

⇦サンティアゴ騎士団の十字架

〔右頁右上〕アッバース朝第２代カリフのマンスール――聖ヤコブにならって，サンティアゴ騎士団は，マンスールのようなイスラム教徒と戦う義務があった。

会の入口から祭壇までの部分〕がひとつの小さなものだった。聖ヤコブ崇拝が高まり，巡礼者が増えた9世紀末，アルフォンソ3世の治世下で，当時としては大きく装飾も見事な教会に建てなおされ，899年に国王と高官たちによって聖別〔神聖なものとするために世俗的なものと区別すること〕された。その後，997年には，後ウマイヤ朝〔イベリア半島のイスラム王朝〕の宰相マンスールの攻撃を受けて，サンティアゴ・デ・コンポステーラのほかの建物と共に，この教会は破壊されたが，すぐに再建された。

11世紀になると，ナバラ王サンチョ3世（1000～1035年ころ）がスペイン北部に強大な権力を確立し，ピレネー山脈より北のヨーロッパ諸国との関係を密にしはじめた。それによって，サンティアゴ・デ・コンポステーラにおける聖ヤコブ崇拝も広い地域に拡大し，教会建築にも新しい様式がとりいれられるようになった。その結果，1075年に，ロマネスク様式の新しい大聖堂の建設が開始されたのである。

❖「12世紀には，『サンティアゴ・デ・コンポステーラの巡礼案内書』という，一種のガイドブックまでが作られるようになった。人びとが巡礼を行なう理由はさまざまだったが，彼らの多くは各地に存在する聖遺物を訪ねながら，旅を進めた。この時期に書かれた無数の『奇跡物語』は聖人崇拝の一種のプロパガンダといえるが，そうした聖人の遺骸をあがめるため，各地に巡礼教会が建てられるようになった。…………………………

第２章

中世の巡礼

〔左頁〕絞首台から死なずにおろされた死刑囚――こうした奇跡の伝説は数多く存在し，いずれもまたたくまに各地へ広まっていった。話を聞き，奇跡の物語に魅了された巡礼者たちは，自分も聖ヤコブのもとで罪を赦《ゆる》されようとして，サンティアゴ・デ・コンポステーラへの巡礼に旅立った。

⇨サンティアゴ・デ・コンポステーラへの巡礼を描いた木版画。

エルサレム，ローマ，サンティアゴ・デ・コンポステーラ

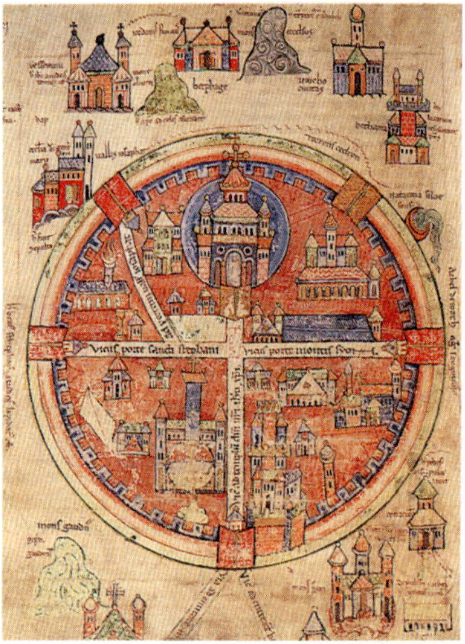

中世の時代，巡礼者が増加すると共に，巡礼地の数も増えていった。なかでも3つの巡礼地が特別な場所として重んじられていた。その筆頭は，聖地エルサレムである。エルサレムへ行った巡礼者は，ほかの信者よりも神の恵みが多くあたえられると考えられていた。なぜならエルサレムは，イエス・キリストが実際に生活した場所だからである。

大勢の人がエルサレム行きを計画し，裕福な人間も貧しい人間も集団で旅に出ようとした。しかし，エルサレムは非常に遠く，莫大な費用がかかり，道のりもきわめて危険だったので，実際に巡礼をした人は，それほど多くなかった。一方，エルサレムと並ぶ特別な巡礼地であるローマとサンティアゴ・デ・コンポステーラは，エルサレムほど遠くなかった。

ローマに行った巡礼者たちは，イエス・キリストによって教会の指導者に選ばれた聖ペトロの墓の前で

祈りを捧げた。彼らはヴァチカンに収められていた聖人たちの遺骸をあがめたり，聖パウロの墓の上につくられたサン・パオロ・フオーリ・レ・ムーラ大聖堂を訪れた。しかし10世紀には，イスラム軍の侵入によって，イタリアへの巡礼路が妨害されるようになった。972年にはクリュニー修道院院長の聖マイユルが，ローマからフランスにもどる途中，イスラム軍に拘束されている。

一方，サンティアゴ・デ・コンポステーラは，中世を通じて多くの巡礼者を集めた。彼らの目的は，イエス・キリストの特別な弟子で12人の使徒のひとりである「ムーア人殺し」の聖ヤコブをあがめることだった。

〔左頁上〕十字軍の参加者が描いたエルサレムの地図（1099年）

⇙ローマの情景（1493年）――20世紀初頭のフランスの美術史家エミール・マールは，十字軍の参加者についてこうのべている。

「彼らは巡礼者の生活こそがキリスト教徒の生活だと考えていた。では，キリスト教徒とはなにか。（略）それは永遠の都エルサレムに向かって歩く人である」

☆　☆

「巡礼は，自発的で無償の行為である。巡礼によって，人は慣れ親しんだ場所，習慣，親しい人びとを捨てて，宗教心をいだきながら，みずから選んだ，あるいは命じられた聖域まで行く」

『巡礼案内書』

この3つの巡礼地のほかにも，数多くの聖地が評判となり，大勢の信者が聖人や殉教者たちの墓を熱心に訪れた。

巡礼者にとってエルサレムはキリストが再臨する希望の地だった。「見よ，神の幕屋《まくや》〔移動式の神殿〕が人のあいだにあって，人は神の民となる。神はみずから人と共にいて，その神となり，彼らの目の涙をことごとくぬぐい取ってくださる。もはや死はなく，もはや悲しみも嘆きも労苦もない」

「ヨハネの黙示録」
（21章3～4節）

歩く信仰，巡礼とはなにか

巡礼とは，神の恵みを得るために，聖地へ旅することである。証言，年代記，日誌，詩の形で現存する数々の文書は，中世の巡礼の重要性，巡礼地の多さ，それらの評判の高さを物語っている。

巡礼は，旅のための道路網を発展させた。巡礼案内書の先駆けといえる『ブルディガラの巡礼者』という書物には，フランス南西部のボルドー〔ブルディガラはボルドーの古名〕からエルサレムまでの当時の巡礼路のようすが記されている。

巡礼者は，イエス・キリストの足跡をたどることでみずからの信仰を示す。しかし，キリスト教徒にとって巡礼は義務ではない。あくまでも，熟慮にもとづく自発的な行為で，行き先も時期も自分の意思で決めることができる。もともとキリスト教徒にとっての巡礼とは，異教徒に冒涜《ぼうとく》された場所をみずからの目で見ながら旅をするという苦しみと結びついていた。

キリスト教徒の巡礼と，イスラム教徒のメッカへの巡礼は，その性質がまったく異なっている。イスラム教徒が彼らにとっての最大の聖地メッカに巡礼することは，信者としての義務である。メッカ巡礼は，イスラム教徒の5つの義務のひとつとされている。メッカ巡礼を行

なわないイスラム教徒は，彼らの神であるアッラーの天国に入ることができない。一方，キリスト教徒にとって巡礼は天国に入るひとつの方法ではあるが，巡礼を行なわない信者にも天国への扉は開かれている。

信仰のひとつの形である巡礼には，命の危険がともなう。しかし，古代キリスト教の神学者である聖アウグスティヌス

〔左頁上〕ヨルダン川で水浴する巡礼者たち
⇦エルサレムへ行く巡礼者たち──共に，マルコ・ポーロ『東方見聞録』の挿絵。

⇩14世紀のイタリアのフレスコ画に描かれた巡礼者たち。

によれば，「巡礼の精神は，永遠の魂の一部をなしている」のだという。彼は，こういっている。

「巡礼によって信仰を示すものに，天国は平安をあたえる。信仰を示すものは，公平にあつかわれる。神と隣人に対して善行を行なった人すべてに，この平安があたえられる。なぜなら，どんな場合でも天国の生活は，団結が必要な社会生活だからである」

聖ヤコブの書，あるいは『カリクストゥス写本』

巡礼地は，やがて聖人伝をはじめとする文学作品を生みだすことになるが，当初もっとも数多くあらわれた作品は，長い巡礼の旅の助けとなる案内書だった。『聖ヤコブの書』の一部を構成する『サ

ンティアゴ・デ・コンポステーラの巡礼案内書』も，そのような観光案内書のひとつである。オリジナル写本がサンティアゴ・デ・コンポステーラ大聖堂の古文書館に保管されているこの『聖ヤコブの書』は，『カリクストゥス写本』とも呼ばれている。それは，ローマ教皇カリクストゥス2世（1124年没）の手紙と称するもの（実際には，カリクストゥス2世が書いたものではない）が，本の序文として使われているからである（この手紙のなかで，カリクストゥス2世を名乗る人物は自身が『聖ヤコブの書』の著者だといっている）。

『カリクストゥス写本』は，この本に記された最後の奇跡が起きた1139年ころに，スペイン北西部のガリシアに巡礼した3人の人物，エムリー・ピコー，ヴェズレー〔フランス中部〕のオリヴィエ・ディスカン，彼の友人のフランドル人女性ジュベルジュによって書かれたと考えられている。のちにこの写本は，サンティアゴ・デ・コンポステーラに送られた。

『カリクストゥス写本』は，次の5つの書からなる。

第1の書は『聖ヤコブをたたえる典礼選集』で，説教，典礼，賛歌を集めたもの。

〔左頁上〕著述するローマ教皇カリクストゥス2世
⇦巡礼者たちの歌
⇧聖ヤコブ――いずれも，『カリクストゥス写本』からの抜粋

「サンティアゴ・デ・コンポステーラ教会のなかで，（略）聖ヤコブの奇跡の数々が記された5つの書からなる本を発見した。それらの奇跡は，聖ヤコブを，きらめく星のように，世界各地で神々しく輝かせている。この書物のなかには，聖ヤコブの祝日に読んだり，彼を一年中賛美するためにふさわしい，ほかの何人かの聖人たちの行ないや，たくさんの祈りも記されている」

アルノー・デュ・モン（1173年）

Karoli magni
exercitus
Aquisgranum oppidum ·

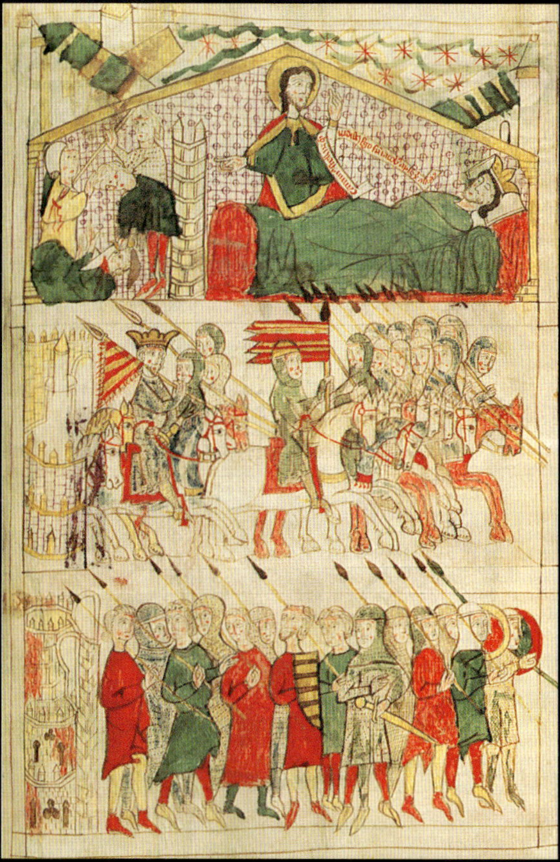

⇦『カリクストゥス写本』（1139年ころ）からの抜粋――この写本でもっとも興味深いのは，第5の書にあたる『サンティアゴ・デ・コンポステーラの巡礼案内書』である。『巡礼案内書』には，12世紀の巡礼路に関する重要な情報が記されている。

4つの巡礼路を紹介したあと，著者は巡礼路の宿場のようすを描写し，巡礼路沿いの町や村の名前や3つの大きな救護院を紹介し，川のようす（よい水か悪い水か），各地方やそこに住む人びとの特徴，巡礼路沿いの聖地，拝むべき聖遺物，そして最後にサンティアゴ・デ・コンポステーラの町や大聖堂のようすを，巡礼者がそれぞれ自分の好きな巡礼路を選ぶことができるよう，注釈つきでこまかく書いている。

第2の書は『奇跡の書』で，その内容は，11～12世紀に各地で広まっていた聖ヤコブの奇跡物語とよく似ている。

第3の書は『移葬の書』で，聖ヤコブのスペインでの布教，殉教，伝説が記された長い物語である。

第4の書は『カール大帝とローランの物語』で，カール大帝と親しかったテュルパン司教による武勲詩である（ただし，歴史家たちは，この武勲詩を書いたのはテュルパン司教ではないと考えている）。

第5の書は『サンティアゴ・デ・コンポステーラの巡礼案内書』で，巡礼者への実用的な助言がまとめられたもの。サンティアゴ・デ・コンポステーラの大聖堂にたどりつく前に，巡礼者たちが立ち寄るべき場所，拝むべき聖遺物，訪れるべき教会などが記されている。

『巡礼案内書』

『巡礼案内書』には，サンティアゴ・デ・コンポステーラの巡礼路，宿場，巡礼路沿いの町や村の名前，3つの大きな救護院（エルサレム救護院，グラン・サン・ベルナール峠のモン＝ジュー救護院，ソンポール峠のサンタ・クリスティーナ救護院。のちにロンスヴォー救護院がクリスティーナ救護院にかわる），道路の整備にたずさわった人の名前など，たくさんの情報が記されている。

しかし，それらの情報にはかなりかたよりがあり，たとえばスペインの巡礼路のルートはかなりこまかく記されているが，フランスの巡礼路は途中があいまいなままになっている部分がある。また，ローマ教皇インノケンティウス2世の手紙によると，『巡礼案内書』の著者はエムリー・ピコーとされているが，それが本

⇩サンティアゴ・デ・コンポステーラの巡礼路──『巡礼案内書』には，「サンティアゴ・デ・コンポステーラへの道は4つあり，スペインのプエンテ・ラ・レイナでひとつに合流する」と，書かれている。

プエンテ・ラ・レイナからサンティアゴ・デ・コンポステーラまでの巡礼路は，「フランス人の道」と呼ばれる。

大勢の人が列をなしてサンティアゴ・デ・コンポステーラへ向かったが，彼ら巡礼者の国籍を正確に知ることは難しい。しかし，ガリシア人以外でもっとも多かったのは，カタルーニャ人〔スペイン北東部の住民〕とフランス人で，「フランス人の道」と呼ばれる巡礼路は，フランス人巡礼者が多く通ったことからそのように名づけられた。

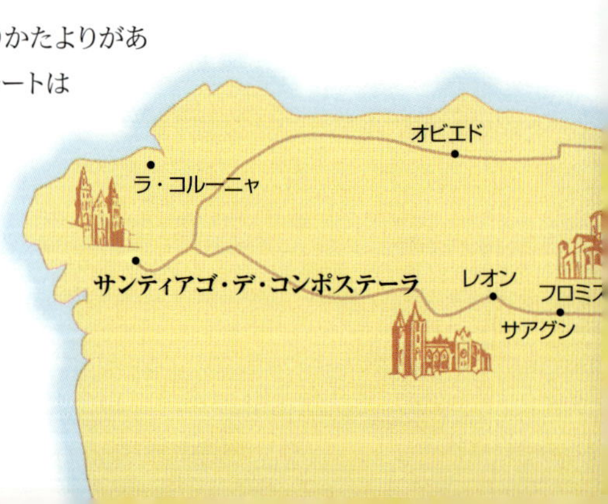

当かどうかはわからない。文章のなかに「われわれフランス人」という表現が何度か出てくることから，著者はおそらくフランス人で，文章の内容からフランス西部のポワトゥーかサントンジュの出身だと思われる。

彼は敬虔《けいけん》な巡礼者で，自分が体験したことの感激を信者たちと共有したいと考えて，この本を書いたのだろう。『巡礼案内書』は，サンティアゴ・デ・コンポステーラへの巡礼の

⇨『フランスの道の案内書』(1533年)――第3版のこの本では，フランスのおもな巡礼路の詳細が記されている。

動きを活発化させた。しかし，この本が完全な形で出版されたのは，1882年のことである。

『巡礼案内書』の歴史や内容そのものに関する数多くの疑問は，いまだに解明されていない。とはいえ，この本は文学的にも，美術史や中世図像学の観点からも大きな興味を引き，聖人研究，人文地理学，地形学，文明史，文献学の専門家たちにも貴重な情報を提供する作品だといえる。

⇦聖ヤコブの奇跡（『黄金伝説』所収，14世紀）――奇跡を信じていた巡礼者は，幻影を見ることもあった。

「威厳に満ちたイエス・キリストが，聖ペトロと聖パウロを従えて彼の前にあらわれた。清らかな聖母マリアは，夏の日の光より明るく美しく輝いていた」と，ある伝説はのべている。

さまざまな動機

巡礼の動機は，人によってさまざまである。もっとも称賛に値するのは，純粋な信仰心から巡礼を行なうことで，その場合，巡礼の目的は苦行の実践にある。巡礼者はイエス・キリストの名において，一時的に世を捨て，殉教者や聖人をあがめるために旅に出る。みずからの信念に導かれ，魂の救いを求めるこの種の巡礼者は，たとえばすべての道のりを裸足で歩くなど，自分で自分に厳しい試練を課すことが多い。

一番よく見られるのは，

⇦救護院の場面を描いた13世紀の写本──必要な場所に建てられた救護院について，『巡礼案内書』はこう説明している。「それらは聖なる巡礼者たちを励まし，貧しい人びとを休ませ，病人たちをなぐさめ，死者たちを救い，生者たちを助けるための，聖なる場所，神の家である」

また，救護院を建てた人びとについて,彼らは「まちがいなく神の王国を手に入れるだろう」とのべている。救護院では，信仰心と同じくらい医学が重要な役割をはたした。

☆　☆

「道中のさまざまな危険や，あまり良心的でない宿の主人や国境監視員のとほうもない要求に対処する心配に加えて，病気やけがの不安もあったため，国を超えて巡礼者を守る組織が少しずつつくられるようになった。

敬虔な高位聖職者，王族，兄弟団などの出資によって，病人の手当てを行なう施設が，巡礼路に整備された。まさしく芸術作品といえるいくつかの救護院は，しだいにその名が知られるようになった」

バルトロメ・ベナサール

〔左頁右下〕巡礼者の夫婦（フィレンツェのサン・マルティーノ・デイ・ブオノーミニ教会のフレスコ画の部分）

奇跡が起きることを願って行なう巡礼である。巡礼者は，自分を助けてくれるよう，あるいは病気を治してくれるように頼むため，聖人のもとを訪れる。『カリクストゥス写本』には，非常に多くの奇跡物語が記されている。たとえば，フランス中東部のブルゴーニュに住んでいたある裕福な男は，14年前から手足が麻痺していた。そこで彼はサンティアゴ・デ・コンポステーラに巡礼し，聖ヤコブの墓で祈ったあと，その場で2晩を過ごした。3日目の夜，聖ヤコブが彼の前にあらわれて，彼の手足をまっすぐにした。目覚めたとき，彼の手足は治っていた。

政治的な目的による巡礼もある。国王，王族，皇帝，ローマ教皇たちは，自分たちの目的をとげるために，聖人の保護を求めて巡礼した。たとえば，スペインの王たちはイスラム教徒との戦いに勝利するため，「ムーア人殺しの」聖ヤコブの加護を願った。

また，罪を償《つぐな》うための巡礼もある。これは宗教裁判所や教会当局から課せられた刑罰で，罪を犯した人間は，相手と自分自身のために祈りながら，手足を縛りつけている鎖が磨滅して切れるまで，聖地から聖地へと旅をしなければならなかった。

さらに，亡くなった人のかわりに行なう巡礼もある。代理として旅に出るのは，家族だったり，召使いだったり，金を払って雇った人間のこともある。

最後に，にせの巡礼がある。巡礼を口実に各地を放浪し，盗みをしたり食物や金を恵んでもらいながら生活する人間は，あとをたたなかった。

「サンティアゴ・デ・コンポステーラへの巡礼者は，その大半が本物で，目的を達したら帰路につくが，そうではないものもいる。彼らは巡礼者のふりをしているだけで，10年以上も自分の住む町にもどっていない」という証言が残されている。このようなにせの巡礼者に対抗するため，のちに，到着した日と出発する日を含めて3日以上サンティアゴ・デ・コンポステーラに滞在することはできない，という決まりがつくられた。

聖遺物：聖地の呼び物

巡礼者たちは，聖地に豊かな富をもたらした。彼らの莫大な寄進は貴金属や建築物に形を変え，12世紀中ごろにサンティアゴ・デ・コンポステーラを訪れたあるアラブ人は，大聖堂のなかに「見事な金銀細工がほどこされ，サファイアやエメラルドやそのほかさまざまな色の宝石がはめこまれた300以上の十字架と200近い像」があったといっている。これはほんの一部で，当時の大きな教会は非常に多くの財宝をもっていた。

なかでも重要な財宝が聖遺物で，巡礼者たちの関心を集める，いわば聖地の呼び物だった。箱のなかにしまわれた聖遺物は，教会や修道院の宗教的な名声が託されたものであると同時に，巡礼者たちの寄進を引きだす重要な手段でもあった。なかでもイエス・キリストや聖母マリアの聖遺物，古代の殉教者たちの聖遺物，地方で崇拝されていた聖人たちの聖遺物は，とくに貴重だった。そのため，サンティアゴ・デ・コンポステーラでは，当然のことながら聖ヤコブに関する見事な聖遺物が集められた。

中世初期から，教会や修道院は競争相手の先を越して，重要な聖遺物を数多く所有しようとした。エルサレムへの旅でも，サンティアゴ・デ・コンポステーラのようなほかの巡礼地への旅でも，人びとはさまざまな思い出と許しをもちかえることができた。

すでに1000年ころ，年代記作者でもあるフランスの修道士ラウール・グラベルはこう書きしるしている。「同じ時期に，エルサレムにあるイエス・キリストの墓に，世界中から無数の群衆が殺到しはじめた。それまで誰も，これほど多く

イエス・キリストや聖母マリアに関する聖遺物は，もちろん非常に貴重なものとされた。以下はフランス北部のサン=リキエ修道院にあった聖遺物目録の抜粋（8～9世紀）である。

「主イエス・キリストの聖遺物。十字架の木片，衣服の切れ端，サンダル，まぐさ桶，海綿，イエス・キリストが洗礼を受けたヨルダン川の水，5000人の人に食物をあたえたあとに座った岩，弟子たちにあたえたパン，主の神殿の一部，誕生時にともされたろうそく，〔イエス・キリストが最後の祈りを捧げた〕オリーブ山の土……」

⇧フランク王ピピンの豪華な聖遺物箱。

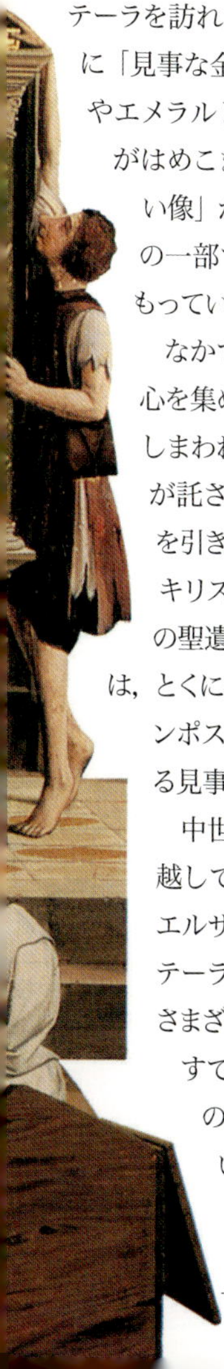

〔左頁〕聖遺物箱の前で祈る病気の巡礼者たちを描いた15世紀の絵画。

の人が押しよせることなど，予期していなかった」

さらに彼は，こういっている。「人びとが押しよせる巡礼地では，聖人たちの新しい聖遺物が長いあいだ姿を潜めていた。まるで，神の合図によって輝かしい復活をとげるときを待っていたかのようである。それらの聖遺物は信者たちに見つめられ，彼らの心に大きななぐさめを注ぎこむ」

⇩トゥールのサン=マルタン教会の聖堂参事会員たち――彼らは，巡礼者をむかえる任務を負っていた。複数の文書で，トゥールを訪れる巡礼者はローマへの巡礼者と同じくらい多かったと記されている。

教会や修道院の存亡がかかった聖遺物

教会や修道院にとって，聖遺物は文字どおり資金調達の手段だった。建物の建設や装飾にかかる費用を集めるため，聖遺物が各地を巡回することさえあった。聖遺物の巡回は，信仰を発展させ，巡礼への関心をよびおこすことに大きく貢献した。同じころ，巡礼者の増大と聖遺物の保護の

⇧サンティアゴ・デ・ペニャルバ教会（スペイン）の十字架——教会の財宝は，2種類の芸術作品にわけられる。ひとつは，聖遺物箱をはじめとする聖遺物に関する品で，もうひとつは，典礼で使う器，書物，織物類などである。教会の財宝には，莫大な量の貴金属があった。この豪華な十字架のように，個人からの寄進物も多かった。

ために，特別な施設が必要となっていた。信者からの寄進も爆発的に増え，その管理も重要な課題となった。

たとえば，9世紀初頭にフランク王ルイ1世は，フランク王国の守護聖人である聖マルタンの墓への寄進物の割当てに関する規定をつくらなければならなかった。聖マルタンの墓があったフランス中部トゥールの聖堂参事会員〔共同生活を営む聖職者〕に，寄進物の3分の1があたえられた。高価な織物は墓を飾るために，ロウと油は教会の照明のために使われた。また，大聖堂のまわりには，巡礼者を宿泊させるための施設が数多くつくられた。

聖マルタンの遺骸には，聖人たちの遺骸がどれほどの効果をもっていたかを示す有名なエピソードがある。ノルマン人〔8世紀以降ヨーロッパ各地を侵略したスカンディナヴィア人〕の侵略を受けたとき，トゥールに保管されていた聖マルタンの遺骸を含む聖遺物が，フランス中部のオセールのサン＝ジェルマン大聖堂に移され，聖ジェルマンの聖遺物箱の隣に置かれた。

⇧馬に乗って西ゴート族と戦う聖イシドール——彼は，セビリア司教だった619年にスペイン南部のセビリアで，633年にスペイン中部のトレドで公会議を主宰し，スペインの典礼を統一した。当時のもっともすぐれた学者でもあった。

それ以降，数々の奇跡が起きたため，オセールの聖職者たちは嫉妬し，トゥールの聖職者たちと一緒に，ふたつの聖遺物箱のあいだにらい病にかかった人を一晩寝かせるという実験をした。朝になり，病人を見ると，聖マルタンの聖遺物箱に近いほうの体半分だけが，治っていたという。

聖遺物信仰によって，特殊な建築が発達した

聖遺物を賛美するため，聖遺物を収める聖遺物箱は，建物内の遠く離れた場所からでも大勢の信者が見ることができるよう，高い場所に置かれた。フランス南部コンクのサント＝フォア教会にあるような人像形聖遺物箱は，祭壇のうしろの台座の上や，フランス中部クレルモン＝フェランの大聖堂のように台座の上の円柱の上に置かれることが多かった。また，11世紀の神学者であるアンジェのベルナールが書いているように，フランス中部オーリヤックの聖ジェローの像など，祭壇の上に人像形聖遺物箱が直接置かれることもあった。

地下礼拝堂も，墓を収容する巨大な聖遺物箱といえる。地下礼拝堂には，祭壇の両側にそれぞれ入口がつくられ，人の行き来が妨げられないようになっていた。巡礼者は一方

の入口から地下礼拝堂に入り，墓や聖遺物箱に触れたあと，もう一方の入口から外に出た。地下礼拝堂内では，信者は聖水〔司祭によって神聖なものとされた水〕を自分にふりかけたと文献に記されているが，地下礼拝堂には井戸があることが多い事実からも，その記述が裏づけられる。

また，教会の身廊《しんろう》につくられた開口部から，地下礼拝堂の内部に置かれた墓が見える構造になっているものもあった。さらに，聖遺物と祭壇のまわりを信者が行き来できるよう，周歩廊（⇨p.86）がつくられた。

周歩廊を通って，巡礼者たちは祭壇のまわりに設けられた

〔左頁左上〕移葬される聖ジュヌヴィエーヴの聖遺物箱――聖人の遺骸は人びとを引き寄せたため，遺骸を収める特別な建築装置が必要となった。中世初期から，聖人の遺骸を所有していることは，とくに経済的な観点から，教会や修道院にとっての重要事項だった。聖人の祝日に行列が組まれるとき，聖人の遺骸を所有している教会や修道院には信者が殺到することが多く，かなりの量の寄進物が見こめたからである。

上と左下は宗教行列を題材とした版画と細密画。

☆　☆

気前のよい寄進者は，聖人の遺骸のそばに埋葬してもらうことができた。851年のある墓碑銘には，こう記されている。「ボドライクス，ここに眠る。彼の魂が安らかであることを信じる。彼は財宝を施し，聖マルタンへの愛を示したからである」

いくつもの礼拝堂を見ることができた。このような構造の建築は，カロリング朝〔8～9世紀〕にはじまり，1000年ころに，フランス中部のオセール，フラヴィニー，クレルモン＝フェラン，トゥールで見られるようになった。

聖地の豪華さ

聖遺物や，聖遺物箱をはじめとする金銀細工を管理する必要が出てくると，教会や修道院は財産を注意深く守ることに力を注ぎはじめた。巡礼者が殺到する教会や修道院では，聖遺物やそのほかの財宝を収めるための部屋をつくり，盗難防止のために格子をつけるようにもなった。

サンティアゴ・デ・コンポステーラの財宝や典礼用品を見ると，ロマネスク時代〔11～12世紀〕の祭壇がきわめて豪華に飾られていたことがわかる。祭壇前の飾り《アンテペンディウム》，聖櫃天《せいひつてん》蓋《がい》，数々の見事な金銀細工などは，さまざまな工房でつくられており，どの工房で制作されたか判明していない作品も多い。

しかし，金銀細工と石の彫刻には，時代的な隔たりがある。宗教建築に巨大な石の彫刻が登場したのは12世紀を目前にした11世紀末のことだが，内陣〔祭壇を中心とする空間〕

⇦（通称）聖フォアの携帯用祭壇の部分。
⇧五角形の聖遺物箱――共にコンク宝物殿（フランス南部）に所蔵されている。

☆　☆

11世紀に，フランス王ロベール2世が，フランス中部オルレアンのサンテニャン教会に寄進した品々は，当時の君主の寄進物として典型的なものだった。

「きわめて敬虔で，非常に思慮深く，絶大な権力を誇るロベール王の礼拝堂には，以下のものがある。凝った装飾がほどこされた上質で豪華な祭服が18枚，金の表紙がついた福音書が2冊，銀の表紙がついた福音書が2冊，ラピスラズリと象牙と銀で美しく装飾された祈祷書が1冊，金の聖遺物箱が12個，金銀で美しく飾られ，中央にオニキスと呼ばれる見事な石がはめられた祭壇，金の鐘が3個（後略）」

に豪華で大規模な金銀細工の装飾がほどこされるようになったのはもっとずっと早く，すでに1000年にはごく普通のことになっていた。12世紀の巨大な石の彫刻の起源が11世紀の金銀細工にあるという見方は，以前からなされてきた。たとえば，11世紀に見事な石の彫刻を制作したベルナール・ジルデュアンは，1000年ころの大きな金銀細工品をまねて，作品をつくったと考えられている。

教会の財宝をつくり，ロマネスク時代の芸術活動をリードした金銀細工の工房は，人びとの聖遺物信仰をより

⇩カール大帝の聖遺物箱（部分）——豪華で洗練された装飾がほどこされたこの聖遺物箱は，コンク宝物殿の至宝のひとつである。

どころとしていた。聖遺物信仰は，裕福な人びとからの寄進や巡礼者たちの奉納物によって，宗教建築を物理的に豊かにしたのである。

豪華さを見せびらかすことの矛盾

このように，人びとがイエス・キリストを賛美する裏で，教会や修道院には貴金属が豊富に蓄えられていた。残念なことに，こうした財宝の大半が現存しない。何世紀ものあいだに再利用されたり，現金化されたからである。しかし，教会や修道院に並べられた，金銀をふんだんに使ったたくさんの高価な品々や，豪華な典礼用品は，貧しい巡礼者たちの姿とは矛盾していた。

豪華な財宝は，たしかに教会や修道院での儀式に威厳を添えるものだった。一方，それらを必要以上に見せびらかすことは，決し

⇩コンク修道院付属教会（フランス南部）の南正面――ロマネスク時代〔11～12世紀〕に，聖遺物は教会と地下礼拝堂にわけて収められることが多かった。聖遺物が増えるにしたがって，後陣や地下礼拝堂も数多くつくられるようになった。

⇦メノウの聖杯（左，スペイン北部レオンのサン＝イシドロ教会宝物殿蔵）と，コンク修道院長ベゴン3世のランプ（右，コンク宝物殿蔵）――どのような聖遺物が入っているかによって，聖遺物箱の形は異なる。

教会の形をした小さな箱から，中身の遺骸の部分，たとえば足，腕，上半身，頭などの形をしたものまで，非常にさまざまである。また，金銀細工をほどこした聖遺物箱の装飾は，聖杯と張りあうくらい豪華である。

てほめられることではなかった。にもかかわらず，教会や修道院に並べられた財宝に，群衆が盲目的に驚嘆していたという証言が数多く残されている。

1014年ころ，神学者アンジェのベルナールは，『聖フォアの奇跡の書』のなかで，次のように書きしるしている。

「私は，祭壇の上に置かれた聖ジェローの像をうっとりと見つめていた。それは見事な純金と高価な宝石で飾られた像で，人間の顔の表情が巧みに再現されていた。同じくその像を眺めていた農民たちは，鋭い視線で自分が見られているのを感じ，時々，像の目から放たれる光に自分が捕えられるような気がして，自分たちの願いが特別な恵みによってかなえられるしるしがあたえられたと信じているようだった。（略）

ようやく3日目に，われわれは（コンクの）サント＝フォア教会の近くに到着した。修道院に入ったとき，幸運にも偶然，由緒ある聖なる絵が保管されている奥の部屋の扉が開いていた。その絵の前まで行ったが，大勢の信者がひれ伏しているので，身動きがとれず，頭を下げることさえできなかった。不本意ながら，私は立ったままその絵を見た」

⇩聖フォアの人像形聖遺物箱（アヴェロン県）——10世紀末のコンクで，丸彫りの聖遺物箱というきわめて革新的な作品が誕生した。聖フォアの像の形をしたこの聖遺

物箱は，「荘厳の聖母」〔おごそかに王座についた聖母マリアの像〕から部分的に着想を得たものである。人像形聖遺物箱は，ロマネスク時代に，非常に数多く制作された。

ANGLETERRE
LA MANCHE
Normandie
Isle de France
ROYAU
Bretagne
Champagne
Maine
Anjou
Orléa
Poitou
Berry
DE
Bourbonois
Marche
FRANCE
Angoumois
Limousin
Auvergne
Forez
Guyenne
Gasco
Languedoc
GOLFE DE GASCOGNE
ARAGON
CATALUÑA
MER
HAINAUT
BAS
PAYS
TOULOUSE
PARIS
ROUEN
LE MANS
TROYES
PERPIGNAN

❖サンティアゴ・デ・コンポステーラへ行く巡礼路は，いくつかあった。人びとは，ひとりで，あるいはグループで，徒歩や馬で目的地に向かった。巡礼路には盗賊が出没し，町では悪徳商人が待ちうけるなど，道中は危険に満ちていた。『巡礼案内書』には，「サンティアゴ・デ・コンポステーラへ行く道は４つあり，スペインのプエンテ・ラ・レイナでひとつに合流する。ひとつはサン＝ジル（・デュ・ガール），モンペリエ，トゥールーズ，ソンポール峠を通る。もうひとつは，ル・ピュイのノートル＝ダム教会，コンクのサント＝フォア教会，モワサックのサン＝ピエール修道院を……」と書かれている。……………………

第３章

サンティアゴ・デ・コンポステーラの巡礼路

〔左頁〕サンティアゴ・デ・コンポステーラへ向かうフランスの道（右はスペインの道の部分）――1648年につくられたこの地図から，巡礼者たちが聖遺物を拝むために途中でたくさんの宿場町に立ち寄っていたことがわかる。
　また，フランス側からピレネー山脈を越えるとすぐに，巡礼路が合流していたこともわかる。

案内書の巡礼路

『巡礼案内書』には，こう書かれている。

「サント＝フォア教会を通る道，サン＝レオナール教会を通る道，サン＝マルタン教会を通る道は，オスタバで合流し，シーズ峠を越えたあと，プエンテ・ラ・レイナでソンポール峠経由の道と合流する。そこからは，1本の道がサンティアゴ・デ・コンポステーラにつづいている」

巡礼者たちがたどった道を再現することは，それほど難しくない。巡礼路沿いの建物や，多くの旅行記が残されているからである。それぞれの巡礼路には，宿場，記念建造物，拝むべき聖人たちの遺骸や聖遺物が置かれている場所がたくさんあった。スペインの巡礼路は比較的単純だが，フランス，とくに南西部のラングドックやガスコーニュの巡礼路は，複雑に入り組んでいる。しかし，巡礼者たちは決まった道を通らなければならないわけではなかった。救護院，修道院，巡礼宿が整備された巡礼路のうち，好きな道を通って，自分たちの好奇心や信仰心を満足させることができたのである。

第1の巡礼路「トゥールーズの道」

第1の巡礼路は，フランス南部のアルルからトゥールーズを経て，スペイン北部のプエンテ・ラ・レイナへいたる道である。この道は一般的に，近東諸国やイタリアからの巡礼者，あるいは地中海沿いの道を選んだ巡礼者によって使われた。この道を行く巡礼者は，聖トロフィームの遺骸が安置されているアルルの大聖堂に立ち寄る必要があるとされた。そのあと西へ進むと，サン＝ジル・デュ・ガールに到着した。ここ

「トゥールーズの道を通ってサンティアゴ・デ・コンポステーラへ行くものは，信仰告白者である聖ギヨームの遺骸を訪れなければならない。彼は，（略）救い主の十字架の木片をジェローヌ渓谷にもたらし，その地にサン=ギレム=ル=デゼール修道院（⇧⇩）をつくった」

『巡礼案内書』

⇦サン=ギレム=ル=デゼール修道院の祭壇（復元）――貴金属で飾られた芸術作品であると同時に典礼用品であるこのような祭壇は，おそらく中世の教会や修道院に必要不可欠なものだった。聖遺物や財宝が収められた祭壇は，聖地の名声と物質的な繁栄の両方を約束する象徴的な品となっていたからである。財宝の中身は，教会や修道院によってさまざまだった。

下は，サン=セルナン教会の財宝を充実させることにいそしむ，トゥールーズ市の参事会員たち（上，1441年の年代記所収）と，1642年のトゥールーズの眺め（下，版画）

で『巡礼案内書』は，聖ジルの奇跡について説明している。

「敬虔な信仰告白者で修道院長である尊敬すべき聖ジルの遺骸も訪れなければならない。聖ジルは世界のあらゆる国で知られており，すべての人に敬われ，すべての人によってしかるべき名誉をあたえられ，すべての人に愛され，祈願され，懇願されるべき人物だからである」

このあと巡礼者は，モンペリエを経て，トゥールーズにたどりつく。その途中にも，聖ギヨームの遺骸が安置されているサン＝ギレム＝ル＝デゼール修道院など，多くの聖地がある。

トゥールーズで，巡礼者は聖セルナンの遺骸に祈りを捧げる。「この道では，司教で殉教者である聖セルナンのきわめて聖なる遺骸も拝まなければならない。（略）彼はトゥールーズの町の近くの美しい場所に

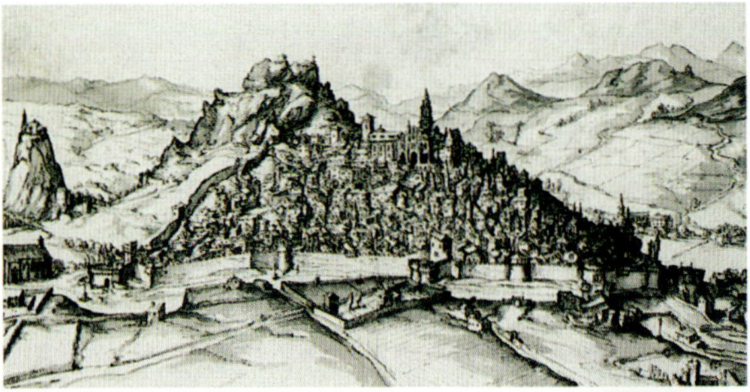

埋葬され，信者たちによって，そこに巨大な大聖堂が建てられた」

『巡礼案内書』は，さらにこう説明している。「この道では，殉教者である聖ティベール，聖モデスト，聖フロランスの遺骸も訪れなければならない。（略）彼らは，エロー川のほとりにあるきわめて立派な墳墓で眠っている」

さらに巡礼者は，レスカー，オロロン＝サント＝マリーと進み，アスプ渓谷とソンポール峠を越える。この巡礼路のはじまりに近いモンペリエで，トゥールーズ方面ではなくもっと南のスペイン北東部の道を選ぶ巡礼者もいるが，トゥールーズ経由であってもそうでなくても，いずれにせよ最終的に彼らはプエンテ・ラ・レイナに到着する。

ル・ピュイからオスタバにいたる第2の巡礼路

この道は，フランス南東部のリヨンや中部のクレルモン＝フェランなどからの巡礼者が使った。『巡礼案内書』では，この巡礼路はフランス中南部のル・ピュイからはじまり，オブラック山地を通る。巡礼者は，ペルス，ベシュエジュールを経て，ドゥルドゥ川の渓谷にあるコンクにいたる。

「ル・ピュイを通ってサンティアゴ・デ・コンポステーラへ行く人は，聖フォアの遺骸を拝まなければならない。死刑執行人が彼女の首をはねたあと，彼女は天使の一団にかこま

⇖ル・ピュイの眺め（1607年のデッサン）――ル・ピュイのサン＝ミシェル礼拝堂は，10世紀末以降，非常に評判の高い巡礼地となった。

この礼拝堂は，町の外の人里離れた場所にある岩山の上に建てられている。268段の階段をのぼると，頂上の礼拝堂にたどりつく。10世紀につくられたもともとの礼拝堂をかこむ形で建てられている現在の建物は，12世紀に建築されたもので，たくさんの砂岩彫刻で飾られている。礼拝堂にある10世紀の壁画も，よく知られている。

れて，鳩の姿で天にのぼり，不死の月桂樹の冠をあたえられた。この処女であり殉教者である聖フォアの尊い遺骸は，キリスト教徒たちによって，俗にコンクと呼ばれる谷にうやうやしく埋葬された。人びとはその上

に，美しい大聖堂を建てた」

このあと巡礼者は，フィジャック，カオール，モワサック，オルテスと進み，オスタバに到着する。

⇦カオールのヴァラントレ橋(19世紀の版画)――町の入口には，砦とアーチのついた橋がそびえていた。このような橋の建設には莫大な費用がかかったため，当時の建築予算のかなりの部分をしめていた。

⇩コンクの眺め（19世紀の版画）――フランス中部オーヴェルニュ地方におけるロマネスク建築の傑作であるコンクのサント=フォア教会は，若くして殉教した女性，聖フォアの遺骸によって発展した。囚人や盲人が加護を求めた聖フォアは，11世紀以降，数々の奇跡によって大勢の人を魅惑した。

その後，何世紀ものあいだ，サント=フォア教会は巡礼者や旅行者の驚嘆の的でありつづけた。フランスの作家で歴史記念物総監でもあったメリメは，1837年にこの地を訪れたとき，「これほど人里離れた場所に，これほど多くの貴重な品々があるとは！」といっている。

⇦ヴェズレーのサント=マドレーヌ大聖堂（19世紀の版画）――ヴェズレーが有名になったのは，この町の修道院がマグダラのマリアの遺骸を手に入れ，それをもとにマグダラのマリア信仰をとり入れてからのことである。その結果，カロリング朝〔8～9世紀〕の古い大聖堂は手狭になり，新しい大聖堂が建設された。

1104年に内陣〔祭壇を中心とする空間〕と交差廊が完成したが，1120年7月に大規模な火災で建物に大きな被害が出た。その後，身廊と拝廊がつくられ，1132年に大聖堂は聖別〔神聖なものとするため，世俗的なものと区別すること〕された。1135年以降に完成したティンパヌムには，ロマネスク時代の神学思想が表現されている。

ヴェズレーからサン=レオナール=ド=ノブラを経て，オスタバにいたる「リモージュの道」

フランス中部のヴェズレーでは，「サン＝レオナールを経てサンティアゴ・デ・コンポステーラへ向かう途中，マグダラの聖マリアのきわめて聖なる遺骸が，当然のことながら崇拝されなければならない。（略）イエス・キリストの昇天後，彼女はエルサレムを離れて，イエス・キリストの弟子の聖マクシマンやそのほかの弟子たちと共に，海を渡ってプロヴァンス地域にやってきて，マルセイユの港に上陸した」

その後，巡礼者は，ラ・シャリテ＝シュル＝ロワール，ヌヴェール，ヌーヴィー＝サン＝セ

ピュルクル，または，ブルージュ，シャロスト，シャトールー，アルジャントン＝シュル＝クルーズを通ってサン＝レオナール＝ド＝ノブラにいたる。

『巡礼案内書』によれば，巡礼者はこの町で「聖レオナールの聖なる遺骸を訪れなければならない。彼はフランク族の高貴な家柄の出身で，宮廷で高い地位を得たが，至高なる神への愛によって，罪深いこの世を捨て，リムーザン地方のノブラで長い隠遁生活を送った。最後に聖なる死をむかえ，自分の所有していた土地に眠った。彼の聖なる遺骸が，この土地を離れることはなかった」

このあと巡礼者はリモージュへ行き，そこからラ・レオール，モン＝ド＝マルサンに向かって進んだ。その途中には，サン＝ジャン＝ド＝コールやペリグーがあった。『巡礼案内書』には，ペリグーについてこう説明がある。「聖レオナールの次には，司教で信仰告白者である聖フロンの遺骸を訪れなければならない。彼は使徒の聖ペトロによってローマの司教に任じられ，ゲオルギウスという名前の司祭と共に，布教のためにこの町に派遣された」

ペリグーからは，本道とは別に南のトレモラ経由の道もあった。いずれにせよ，最終的に巡礼者はオスタバに到着する。

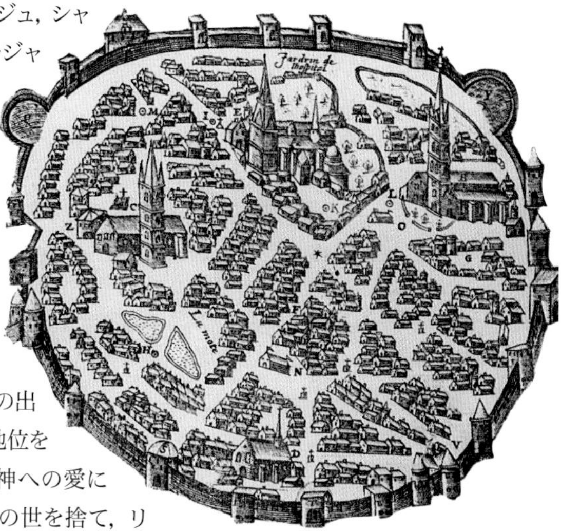

⇧リモージュの地図（16世紀）――サン=レオナール=ド=ノブラ教会（左，19世紀のデッサン）から約20キロメートルしか離れていないリモージュのサン=マルシアル教会は，1062年にクリュニー修道院の子院となったサン=マルシアル修道院の付属教会として，より正確には，1064年から1114年の半世紀にわたって修道院長を務めたアデマールの意向で建てられた。

年代記では，身廊がヴォールトでおおわれ，教会内部にたくさんの絵画が飾られていることが強調されている。この教会はフランス革命期に完全にとりこわされ，現在ではわずかばかりの廃墟が残されているだけである。

⇧トゥールのサン=マルタン教会――この教会は，何度も破壊され，現在ではわずかに残されている部分から，往年の規模と見事な装飾を推測することしかできない。

パリからトゥールを経て，オスタバにいたる「トゥールの道」

パリをあとにした巡礼者は，フランス中部のオルレアンに向かう。オルレアンでは，「聖十字架大聖堂で，十字架の木片と，司教で信仰告白者である聖ユヴェルトの聖杯」を見ることができる。その後，巡礼者はトゥールに到着する。トゥールは「聖マルタンが3人の死者を見事に生きかえらせ，らい病にかかった人，狂信者，悪魔にとりつかれた人，そのほかの病人たちに健康をとりもどさせた」町である。

次に巡礼者はポワティエに向かい，聖イレールの遺骸を拝む。このあとは，サントへ行く本道を選ぶか，それより東のアングレームを目ざすこともできる。サントへ行く場合，サン=ジャン=ダンジェリに立ち寄り，「修道士たちによってエルサレムからポワトゥー地方のアンジェリという場所に運ばれた，洗礼者聖ヨハネの尊い頭を見に行かなければならない」。またサントでは，「司教で殉教者である聖ユートロープの遺骸を訪れる」必要がある。

巡礼者はさらに,「聖ロマンの加護を求めるべき海辺の町」ブライユへ行き, ボルドーへ向かう。ボルドーで「司教で信仰告白者である福者スランの遺骸を訪れ」たあと, サン=ポール=レ=ダクスへ行き, そのあとオスタバに到着する。

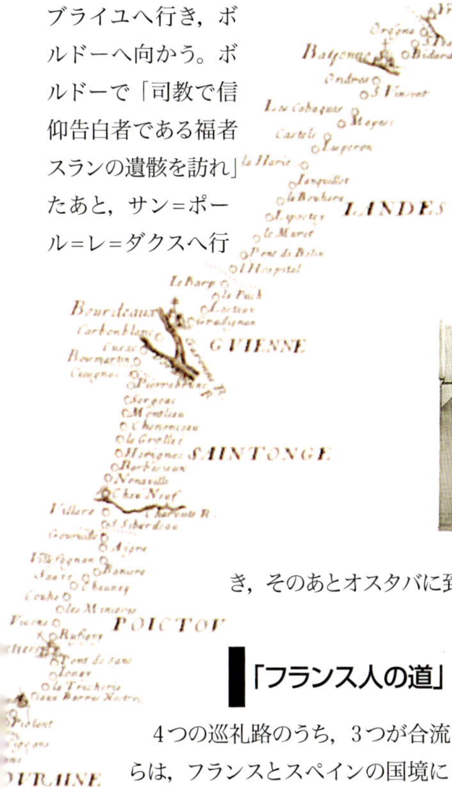

⇧ポワティエのノートル=ダム=ラ=グランド教会の正面玄関（復元）――多用された円柱と壁面のくぼみは, この地方のロマネスク様式の教会でよく見られる。
　左は, パリからの巡礼路を示した17世紀の地図。下は, サントの町の眺め（版画）

「フランス人の道」

4つの巡礼路のうち, 3つが合流するオスタバからは, フランスとスペインの国境にまたがるバスク地方に入る。スペインの巡礼路は比較的単純であ

る。スペインにたどりついた巡礼者は，「聖ドミニクの遺骸を訪れなければならない。彼はナヘラとレデシリャのあいだの舗装路をつくった人で，レデシリャに眠っている。また，聖ファコンと聖プリミティフの遺骸も訪れなければならない。彼らの大聖堂は〔フランク王〕カール大帝によって建てられた。

次にレオンへ行き，聖イシドールの尊い遺骸を拝まなければならない。司教であり学者でもある彼は，教会の聖職者たちのためにきわめて敬虔な規則を制定し，スペインの民衆全体に彼の教義を浸透させ，数多くの著作によって聖なる教会全体に栄誉をあたえた」

オスタバからパンプローナに南下すると，プエンテ・ラ・レイナがある。その先は，エステーリャを皮切りに，ラ・リオハ，カスティーリャ，レオンといった地方に16の宿場がつづく。そしてようやく，巡礼者は最終目的地に到着する。「サンティアゴ・デ・コンポステーラでは，聖ヤコブの聖なる遺骸を，この上ない信仰心をもって訪れなければならない」

⇩ガリシアのサンティアゴ・デ・コンポステーラの道（1659年の地図）――『巡礼案内書』では，「フランス人の道」における巡礼者に役だつ情報が具体的に記されているが，ピレネー山中のロンスヴォーを越えてから先のルートは，町の名前が簡単な説明と共に列挙されているだけである。

☆　☆

「カスティーリャは非常に豊かな地方で，金銀に満ちている。家畜の飼料や丈夫な馬が，豊富に生産されている。（略）しかし，森林はない」

『巡礼案内書』

誰が巡礼したのか

多くの文献で，サンティアゴ・デ・コンポステーラに巡礼した有名な人びとの名前が記されている。たとえば，ル・ピュ

⇧ブルゴスの眺め（16世紀の版画）――ブルゴス大聖堂は，カスティーリャのゴシック建築の傑作のひとつである。

イ司教ゴデスカルクやランス大司教ユーグ・ド・ヴェルマンドワで，951年にサンティアゴ・デ・コンポステーラへ行ったゴデスカルクは，知られているかぎり最初の巡礼者である。1125年には，神聖ローマ皇帝ハインリヒ5世の未亡人マティルダが巡礼した。1137年に，アキテーヌ公ギヨーム10世は，サンティアゴ・デ・コンポステーラ大聖堂の祭壇の前で急死した。1154年には，フランス王ルイ7世が巡礼した。

1211年4月21日に，レオン王アルフォンソ9世はサンティ

⇩サン・セバスチャンの眺め（同上）――1014年に，ナバラ王サンチョ3世は，この町をレイレ修道院に寄進した。

⇖中世の馬上槍試合の場面を描いた細密画

⇧アッシジの聖フランチェスコ（1182～1226年）――有名な托鉢修道会のひとつであるフランシスコ会を創設した聖フランチェスコは，1206年に世俗の生活を捨て，弟子たちと共に説教活動を行なった。彼はイスラム教徒を改宗させるため，モロッコやエジプトへも旅した。1213年末には，サンティアゴ・デ・コンポステーラへの巡礼と人びとへの説教のために，スペインへ行った。

彼に捧げられた教会や礼拝堂が数多く存在する事実は，彼が実際にカタルーニャを旅してまわったことを示している。1224年に，彼は聖痕《せいこん》〔イエス・キリストが磔刑の際に受けた傷が信者の体にあらわれるという現象〕を受けたという。

アゴ・デ・コンポステーラ大聖堂の聖別式に出席し，11月には巡礼者としてふたたびサンティアゴ・デ・コンポステーラへ行った。アッシジの聖フランチェスコも，1213年から1215年末のあいだに巡礼したと思われる。

しかし巡礼者の大半は，有名な人物ではなかった。歴史家ルイス・バスケス・デ・パルガによれば，巡礼者は「キリスト教世界のあらゆる地域からやってきた名もなき人びとの，雑然とした騒々しい無名の集団を形成」していた。大聖堂のなかでさえ，より祭壇に近い場所へ行こうとする信者たちによって，言い争いや流血沙汰が起きることもよくあった。

15世紀には，新しいタイプの巡礼者が登場した。各地をめぐり歩く騎士で，このような人間にとって巡礼は口実にすぎず，実際には馬上槍試合や戦いをすることを目的としていた。たとえばエノーの家令ド・ヴェルシャンは，サンティアゴ・デ・コンポステーラへ行く途中，「遠回りさせられるのでなければ，どんな騎士からの挑戦でも受ける」と触れまわった。

巡礼者は，あちらこちらからやってきた。イギリス人，画家ヤン・ファン・エイクのようなフランドル人，1488年に巡礼したアラゴン王フェルナンド２世とカスティーリャ女王イサベル１世，1509年に巡礼したスペインの将軍ゴンサロ・デ・

コルドバなどが例としてあげられる。1217年6月には，オランダとドイツからの十字軍参加者が，イギリスのダートマスからスペイン北西部のラ・コルーニャまで船で渡り，そこからサンティアゴ・デ・コンポステーラまで歩いている。

⇩聖ヤコブの肖像（J.カロの版画，17世紀）――イエス・キリストと同じく，聖ヤコブの図像からも，善良さがにじみ出ている。この肖像で，彼は手を巡礼者のほうへさしのべた，神秘的な案内人としての模範的な人物として描かれている。13世紀末以降，聖ヤコブは，帆立貝を身につけて杖をもった，巡礼者の姿で表現されるようになった。

各人が巡礼のやり方を決める

キリスト教は，儀式，決まった所作，象徴などを重んじる宗教だが，それにもかかわらず，キリスト教の巡礼，とくに中世の巡礼が，文書化された規則にのっとって行なわれたわけではなく，各人が自由にやり方を決めていた点は意味深い。

エルサレムへの巡礼者は「ポルミエ」（エリコの町にパルム〔シュロ〕の葉を摘みに行ったことからついた名前），ローマへの巡礼者は「ロメ」あるいは「ロミュー」と呼ばれたのに対して，サンティアゴ・デ・コンポステーラへの巡礼者は「ジャコ」「ジャケ」「ジャケール」と呼ばれた〔聖ヤコブのフランス語名「サン＝ジャック」からついた名前〕。中世の図像からわかるように，サンティアゴ・デ・コンポステーラへの巡礼者は特別な服を着て，ついには守護聖人である聖ヤコブにも同じ服をまとわせた。

この服は，フードつきの長いマントで，頭から足ま

5
6
13
12
11
15
16
22
23
24
25

⇦行列を組むサンティアゴ・デ・コンポステーラへの巡礼者たち——「揺れる橋の上で／ふたつの山のあいだから／見えた景色に驚き／海の波の音を聞いて／胸がしめつけられた／大きな嵐がきても／立ちどまらずに／歩かなければならない

ガリシアに入り／リヴディユ（リバデオ）で／老いも若きも／ガレー船に乗せられそうになった／しかしわれわれは／身を守った／話す言葉から／スペイン人だと思われたが／われわれはフランスからやってきたのだ

モンジョワに来たとき／これほど美しい教会を見て／うれしかった／この神の輝かしい友人の／聖なる土地で／聖ヤコブさまは／この聖なる旅のあいだずっと／われわれをお守りくださった

サンティアゴ・デ・コンポステーラで／神のおかげで教会のなかに入り／神にも／この輝かしい殉教者の聖ヤコブさまにも／祈った／無事に故郷へ帰ることができるようにと」

『巡礼者たちの歌』からの抜粋

で体全体をおおう「ペルリーヌ」(この言葉は，巡礼者を意味する「ペルラン」に由来する）と呼ばれるものである。フードは頭を守るためのものだが，つばが広くあごひものついた丸い帽子をかぶることもあった。また，「ブルドン」と呼ばれる杖は古くから巡礼者に欠かせないもので，歩きにくい道で体を支えたり，犬やオオカミを追いはらうために使われた。さらに，身のまわりの品を入れる袋ももった。

身のまわりの品は，巡礼歌のなかに列挙されている。「必要なものを，もたなければならない／教父〔8世紀くらいまでの教会で，すぐれた著作をのこし，信仰深い生活を送った人々〕たちにならって，忘れてはならない／杖，小さな入れもの，大きな帽子／そして，嵐を避ける立派なマント」

杖と袋のふたつに関しては，聖職者が聖別し，特別な祝福をあたえた。「主なるイエス・キリストの名によって，あなたの巡礼の持ちものとなるこのかごを受けとりなさい。これ

⇧帆立貝と聖人像が刻まれたメダルのついた巡礼者のマント

⇦巡礼者の持ちものを祝福する聖職者――出発の日には，儀式が行なわれた。巡礼者は罪を告白し，ミサに出る。ミサのあいだに，罪の許しがあたえられる。聖歌が歌われるなか，司祭が巡礼者の持ちもの（帆立貝，杖，袋）を祝福し，祈りをとなえながらそれらの持ちものを巡礼者に手渡す。

〔右頁〕巡礼する人びと（1450年ころの細密画）

によって，あなたはたしかに清められ，救われ，行ないを改め，エルサレムにあるイエス・キリストの聖墓の，サンティアゴ・デ・コンポステーラの，（ポワティエの）サン＝ティレール教会の，あるいはあなたが目ざすほかの聖人たちの教会の前庭にたどりつく資格をあたえられ，旅を終えて，無事にふたたびここへもどってくることができる」

徒歩で，馬で，ひとりで，集団でとさまざまだが，誰もが帆立貝を身につけていた

当初，巡礼者たちは海岸で見つけた帆立貝の貝殻を，記念にもちかえっているだけだった。古代ギリシア・ローマでは，帆立貝は愛の象徴とされ，妖術，悪運，あらゆる種類の病気を避けるために，身につけられていた。

キリスト教の図像として，帆立貝は聖ヤコブ崇拝にしか姿をあらわさない。帆立貝が聖ヤコブの象徴となった理由ははっきりしないが，しだいに巡礼者の帽子や袋やマントに帆立貝が縫いつけられるようになり，やがてサンティアゴ・デ・コンポステーラへの巡礼者だけでなく，各地の巡礼者を

象徴するものになった。

もっとも気高く勇敢な巡礼は，ひとりで徒歩で行なう巡礼である。集団で歩いてもよいとされたが，馬やラバなどの家畜に乗っていくことは，精神統一の障害になるとみなされた。本来の巡礼者の姿とは，自分が選んだ場所に向かって，孤独のなかで苦行を重ねるというものだった。しかし，道中のさまざまな危険やひとりきりであるという不安を理由に，非常に早い時期から集団がつくられるようになった。巡礼路が整備されていたことも，集団の形成に一役買った。

一般的に，人びとが住む村や地方ごとに集団がつくられたが，途中で出会った巡礼者と一緒に歩くこともあった。かなり裕福な巡礼者は，召使いを何人かつれていくことが多かった。たとえばオランダ人など，遠いところからやってくる巡礼者は，船を使った。海路はよく用いられたが，やはり危険であることに変わりはなかった。

巡礼期間は，移動手段によって変わることが多かった

巡礼期間に決まりはなく，定められた日数以内に到着しなければならないという規定は存在

⇨サンティアゴ・デ・コンポステーラ巡礼者兄弟団の書（1690年）――兄弟団は，自分たちの守護聖人を崇拝し，慈善活動を行なうことを目的とした，信者たちの組織である。メンバーは，修道誓願をしているわけではなく，共同生活もしていないが，それぞれ兄弟団内での地位や肩書をもち，身分を示す衣服を身につけていた。フランスでは，中世後期以降，数多く設立された。

サンティアゴ・デ・コンポステーラ巡礼者兄弟団では，みずから巡礼を行なったことのあるものだけが，メンバーとして受けいれられた。

⇦サンティアゴ・デ・コンポステーラに向かう巡礼者たちが描かれた木のパネル

「何千キロメートルにもわたって，毎朝，あるいはほぼ毎朝，より先に進むために出発する勇気のなかに見られるように，途方もない努力がつづけられるあいだ，宿と食事を得るための戦いは，不安で悲壮なものとなる。（略）
　もちろん，道中の嘆きは，とくに非難がましく，通りすぎていく巡礼者への賛美などは語られない。途中で思いがけず助言があたえられることはあっても，あちらこちらでよきサマリア人のたとえ〔隣人愛をテーマにしたイエス・キリストのたとえ話〕のような手厚いもてなしが受けられるわけではない。少なくとも何世紀ものあいだ，とくに貧しい巡礼者にとっては，道のりは危険に満ちていたという見方が主流だ」
アルフォンス・デュプロン編著『サンティアゴ・デ・コンポステーラ』

〔左頁下〕休憩する巡礼者たち（1508年ころ）——ルーカス・ファン・レイデンのこの版画は，力をあわせて旅をする巡礼者たちのようすを描いている。

しなかった。巡礼期間の長さはさまざまで，いろいろな要素によって変わった。一例として，1867年にJ・B・ブシャンという人物がポワティエからサンティアゴ・デ・コンポステーラまで徒歩で行ったときは，3ヵ月に2日満たない日数かかっている。しかし，これは昔ほど巡礼が危険でも困難でもなくなった時代の話である。

　質量共に一定ではない食事，疲労や病気など，自分自身の状態に加えて，歩きにくい地形，整備されていない巡礼路，悪天候などの外的要因によって，巡礼者の歩く速度は落ちた。また，巡礼者が全員，頑強な人間だったわけではない。高齢者，病人，身体障害者なども，健康をとりもどすという奇跡を求めて巡礼していたことは容易に想像できる。有名な巡礼者のなかに，クリュニー修道院長オディロン，サン=ドニ修道院長シュジェール，神学者ピエール・アベラール，クレルヴォー修道院長の聖ベルナールなどがいるが，彼らはみな，体が丈夫でなかったことで知られている。

『巡礼案内書』に引用されている旅程は，あまり信用できない。それらはむらがあり，距離が長すぎる箇所もある。おそらく著者は，読者の興味をそそるように，旅程を記したものと思われる。

危険がいっぱいの道

イベリア半島では，840年ころから10世紀までノルマン人の侵略があり，イスラム軍の侵入と略奪の被害もひんぱんに受けたため，サンティアゴ・デ・コンポステーラへ旅することは非常に危険だった。たとえば924年に，後ウマイヤ朝〔イベリア半島のイスラム王朝〕の君主アブド・アッラフマーン3世はスペイン北部のナバラ王国に侵入し，首都パンプローナを略奪し，大聖堂を破壊した。

陸路も海路も，同じくらい危険に満ちていた。数多くの恐ろしい証言が残されている。「ダンツィヒの帆船の話からわかるように，イギリスの海賊が原因で，北ドイツからの船旅は危険だった。この帆船は1378年にサンティアゴ・デ・コンポステーラへ向かって出発し，行きは無事に到着した。しかし，帰りに〔スペイン北西部の〕フィニステレ岬で攻撃を受けた。3人

⇩（下）失った手足をとりもどすという奇跡を期待して，体に障害がある人びとも大挙して巡礼地に押しよせた。

の船乗りが戦いで命を落とし，船長は負傷した。海賊たちは船長の指をすべて切りおとして指輪を奪ったあと，海に投げこんだ。彼らはほかの船乗りや乗客たち全員を身ぐるみはいだが，命だけは助けた」

盗賊が出没するようになると，巡礼者たちは隊列を組んで歩くようになった。しかし，山あいや森ではひんぱんに盗賊が待ち伏せしており，少しもためらうことなく，巡礼者たちから金品を強奪したり，彼らを殺害した。また，巡礼者の姿をしていても，実際には浮浪者だったり，

犯罪者だったり，詐欺師だったりするものもいた。

とはいえ，巡礼者たちは，自分の体力と気力が低下することも同じくらい恐れていたと思われる。途中で力つきてしまえば旅が終わり，誓いを放棄することになるからである。彼らは歌い，笑い，おしゃべりし，励ましあい，助けあいながら前進した。祈ることも，力になった。

「ああ神よ。あなたはアブラハムを故郷から出発させ，長い旅のあいだ，無事にお守りになりました。あなたの子どもたちも，同じようにお守りください。危険なときにわれわれを支え，足どりを軽くしてください。太陽を避けるかげ，雨や寒さを防ぐマントとなってください。疲れたわれわれを背負い，あらゆる災いから守ってください。倒れないよう支える杖，

⇧オオカミの襲撃

⇖待ち伏せする盗賊――道中の危険のなかでも，とくに大きなものは，オオカミの襲撃と盗賊に出くわすことだった。ある巡礼者は，次のように語っている。「サンティアゴ・デ・コンポステーラへの巡礼路で，ひとりの男が木に首をくくられているのを見た。この男は，いろいろな村の広場で，夜明け前に巡礼者を起こし，一緒に出発して，途中で仲間が待っている人気のない場所にその巡礼者を連れこみ，殺害して所持品を奪う行為を重ねていたからである」

難破した船をむかえる港となってください。あなたに導かれてこそ，われわれは確実に自分たちの目的地にたどりつき，無事に家に帰ることができるのです」

川を渡る

危険は道路上だけにあるのではない。『巡礼案内書』には，「エステーリャからログローニョまでの川は，人間にとっても馬にとっても飲むのは危険で，そこの魚は食べたものに死をもたらす」「スペイン全土とガリシアでは，魚，牛肉，豚肉のすべてが，異国の人間に病気をもたらす」と記されている。

川を渡るときにも，別の危険がある。渡し守は「対岸に渡す客のひとりひとりに，貧乏人であっても金持ちであっても，

「道中では，どんなことも起こりうる。しかし，もっとも普通に，もっとも予測できる障害，そして非常に危険な障害のひとつは，川を越えることである。橋のある場所は，通行税が高い。橋のない場所は，浅瀬を渡るか善意の渡し守の助けを借りなければならない。

ラ・レオール〔フランス南西部〕では，ガロンヌ川は6月から11月まで水位が低く，徒歩で渡ることができると知っていると，春に出発することの重要性が理解できる。日が長いという利点だけではなく，おそらく増水する時期を避けることができるのである」

バレ&ギュルガン『コンポステーラでわれわれのために祈ってください』

⇦川に連れこまれる盲人――盗賊にとっては，川も，巡礼者から金品を奪う絶好の場所だった。

⇧リモージュ〔フランス南西部〕のサン=マルシアル橋（上）と，ガロンヌ川沿岸の地図（下）――峠と橋は，巡礼者が避けて通ることのできない場所だった。「トゥールの道」を選んだ巡礼者は，ガロンヌ川を渡らなければならなかった。橋は定期的な整備が必要だったので，通行税がかかった。しかし橋を使えば，『巡礼案内書』で悪評の高い渡し守に法外な金を払わずに済んだ。

硬貨1枚を要求する習慣があり，馬1頭につき，無法にも4枚を力ずくで奪っている。ところが，その舟は小さく，木の幹1本だけでつくられているので，馬を何頭も乗せることなどできない。そのため，舟に乗ったら水中に落ちないよう，十分気をつける必要がある」

同じく『巡礼案内書』によると，山だけではなく，通行税の徴収人のせいで，シーズ峠を越えることも危険だった。

「率直にいって，彼らは悪魔のもとに送るべきである。事実，彼らは2〜3本の棒を手にして巡礼者たちを待ちうけ，無理やり不正な税を奪いとる。旅人が彼らの要求を拒んで金を支払わないときは，彼らを棒で殴り，ののしり，下着のなかまで探って，金を巻きあげる」

また，町の外ではにせの巡礼者に話しかけられることもある。たとえば盗賊が巡礼者のふりをして，「神よ，聖ヤコブよ，助けたまえ！」という決まり文句を口にして，本物の巡礼者と一緒に歩きだす。しばらくすると，盗賊は仲間と一緒に，巡礼者を身ぐるみはいで殺してしまうのである。

のちには，これらの危険から保護するため，彼ら自身と荷物がスペイン国内を自由に行き来できる法的身分と，通過す

る地域の住民と同じ権利が，巡礼者にあたえられた。

巡礼者の宿泊：特別な組織

初期のころ，巡礼路がノルマン人やイスラム軍の侵入の脅威にさらされていたとき，宿泊施設はまだ発達していなかった。9世紀や10世紀の巡礼者たちは，個別に修道院の扉をたたいていたと思われる。その後，クリュニー会の修道院改革がスペインに導入され，貧民救済の活動がさかんになると，修道院は積極的に巡礼者を宿泊させるようになった。

のちに聖人となった隠者たちの役割についても，触れておく必要がある。彼らは川や急流に橋をかけ，道路を整備し，礼拝堂や宿舎を建てて巡礼者を助けた。11世紀と12世紀には，有名な隠者が3人いた。巡礼者のために礼拝堂と家を建てたブルゴスの聖アローム，道路を整備し，橋をかけ，救護院を建てたカルサーダの聖ドミニク，教会や避難所を建て，橋をかけ，道路を整備したオルテガの聖フアンである。聖フアンは，ログローニョからブルゴスまでの救護院の整備についても助言している。さらに，救護修道会や救護院を所有する大聖堂も，巡礼者を受けいれた。また『巡礼案内書』には，3つの大きな救護院に関する記述が

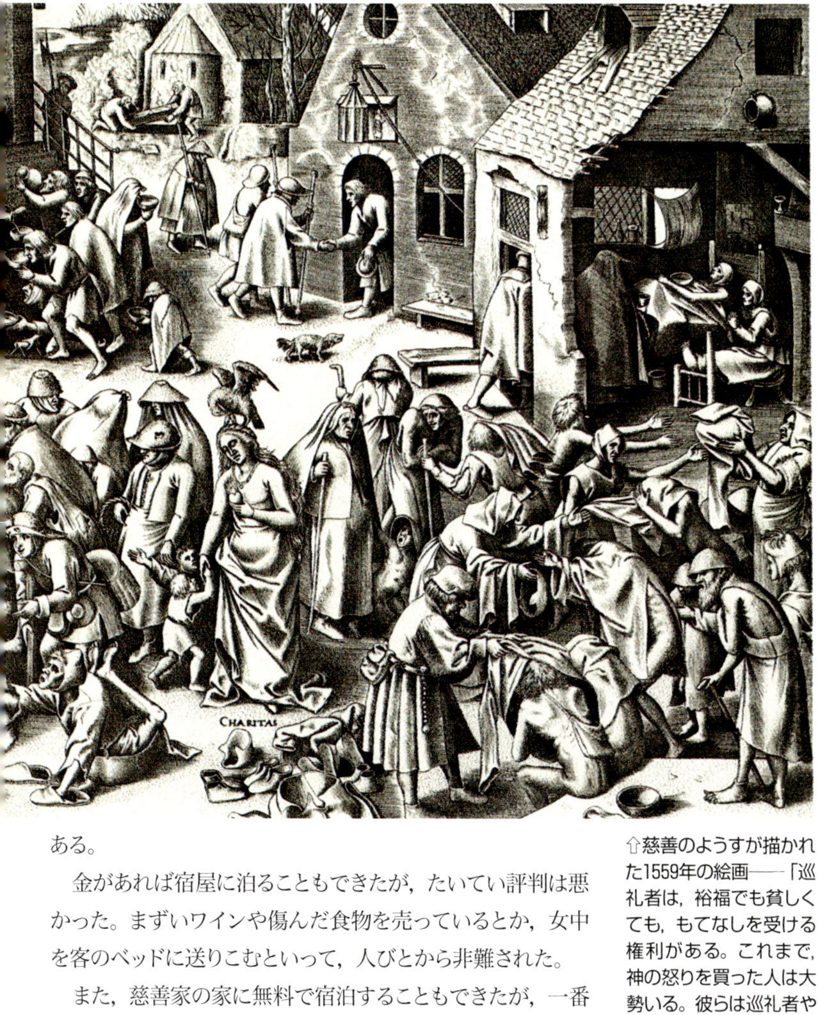

ある。

金があれば宿屋に泊ることもできたが，たいてい評判は悪かった。まずいワインや傷んだ食物を売っているとか，女中を客のベッドに送りこむといって，人びとから非難された。

また，慈善家の家に無料で宿泊することもできたが，一番多かったのは，巡礼路沿いに建てられて帆立貝の目印がついた修道会や兄弟団の救護院に泊る巡礼者だった。人けのない山のなかに建てられている救護院は，鐘を鳴らして巡礼者たちを導いた。

『巡礼案内書』には，こう書かれている。

⇧慈善のようすが描かれた1559年の絵画──「巡礼者は，裕福でも貧しくても，もてなしを受ける権利がある。これまで，神の怒りを買った人は大勢いる。彼らは巡礼者や貧しい人を受けいれなかったからである」
〔左頁〕救護院で眠る巡礼者たち（上，細密画の部分）と，救護院で手当てを受ける巡礼者（下，石の群像）

「貧しい人も裕福な人も，慈悲と尊敬をもって受けいれられねばならない。彼らを快くむかえ,宿を提供するものは誰でも，聖ヤコブだけではなく，主イエス・キリストご自身を客としてむかえることになるからである。主は福音書でこういわれた。『あなたがたを受けいれる人は，私を受けいれる』」

中世の修道士や司祭は，慈善に関する聖書の言葉を信者

たちに広めた。巡礼者をもてなすことを拒否して神から罰をあたえられたというエピソードは，数多く残されている。

道中にリズムをつける儀式

サンティアゴ・デ・コンポステーラへの巡礼者が習慣的に行なっていた儀式のひとつは,「聖ヤコブの祖国の方角を見てひざをまげ，祈りを捧げた」あと，シーズ峠の頂に十字架を立てることだった。この習慣は，サンティアゴ・デ・コンポ

⇧サンティアゴ・デ・コンポステーラの聖ヤコブの肖像（版画）

「聖ヤコブの敬うべき祭壇の下に，とぎれることのない衛兵のような巡礼者の一団を見いだすと，喜びと感嘆の念がわきおこる。一方にはドイツ人，もう一方にはフランス人，別のところにはイタリア人がいる。彼らは集団をつくり，火のついたろうそくを手にもっている。その光が，太陽によってもたらされる昼の光のように，教会内のすべてを照らしている」

『カリクストゥス写本』

⇦サンティアゴ・デ・コンポステーラに到着する前に，セブレロ山で石をひろう巡礼者

ステーラの巡礼にかぎられたことではなかったと思われる。

ふたつめの儀式は，サンティアゴ・デ・コンポステーラの町に入る前に水浴し，「聖ヤコブへの愛によって」身を清めることである。最後の儀式は，サンティアゴ・デ・コンポステーラを目前にしたセブレロ山からカスタニョーラまで，石灰石をひとつ運ぶことである。集まった石は，荷車でサンティアゴ・デ・コンポステーラへ運搬された。

サンティアゴ・デ・コンポステーラに到着すると，巡礼者たちは奉納物を捧げた。その結果，聖地には財宝が集まるようになり，しだいに豪華でめずらしいものが増えていった。

旅の終わりに，巡礼者たちは「サンティアゴ」「モンジョワ〔「喜びの山」の意味〕」と喜びの声をあげた。水浴し，新しい服を着たあと，彼らは巡礼証明書を受けとった。

⇩聖ヤコブの像の前の巡礼者たち――サンティアゴ・デ・コンポステーラで，人びとは「世界のあらゆる地方の，あらゆる部族，あらゆる民族に属する言葉で」歌を歌った。「その歌声のなかに聞こえない言語は，ひとつもなかった」

『巡礼案内書』によれば，サンティアゴ・デ・コンポステーラの大聖堂前の広場で，帆立貝の貝殻を買うことができたという。商人たちは大司教から，その場所で商売をしてよい許可を得ていた。巡礼者は商人たちの格好の客だったため，11世紀に，巡礼路はスペイン北部のおもな通商路となり，巡礼路沿いの町はスペインの重要な都市となった。

数世紀にわたる巡礼

聖ヤコブの馬に乗った戦士の姿としてのイメージは，はじめは貴族階級を引きつけた。その後，またたくまに，さまざまな社会階級の人間が巡礼を行なうようになった。10世紀にはフランスから巡礼者がやってくるようになったが，それは，スペインとフランスのあいだで以前から交易が活発で，君主どうしも同盟関係にあり，フランスの修道士たちがスペインの教会改革に手に貸していたことと大きな関係がある。

ほかの地方からも，あらゆる身分の人が巡礼にやってきた。13世紀から15世紀までは栄光の時代で，巡礼者に特別の許しがあたえられる年とされた聖年には，とくに多くの巡礼者がサンティアゴ・デ・コンポステーラに押しよせた。

15世紀になると巡礼に対する懐疑的な考えがしだいに広まり，16世紀後半には，宗教改革によるプロテスタントの分離と，その後の宗教戦争によって頂点に達した。カトリック教会側からも，巡礼の行きすぎに対する批判が起きた。たとえば人文主義者エラスムス（1469～1536年）は，宗教的な伝統を排除してはならないが，そこから生みだされる盲信は拒絶すべきであるといっている。巡礼は，ルネサンス期から19世紀まで，長期にわたって衰れることになった。

〔右頁〕サンティアゴ・デ・コンポステーラへの巡礼者にあたえられた贖宥状《しょくゆうじょう》（1605年）――贖宥状は，罪を犯した人の償いを免除するために，カトリック教会が発行した証明書である。すべての償いが免除される場合を，全贖宥という。

贖宥の有効期間はローマ教皇が決定するが，枢機卿や司教に委任することもできた。カトリック教会の権威によって罪の償いが免除されるという考えは，昔からあった。

1515年にローマ教皇レオ10世が，ローマのサン=ピエトロ大聖堂を完成させる費用をまかなうため，贖宥状購入者に全贖宥をあたえることを公布すると，それがきっかけとなって宗教改革が起きた。

⇩18世紀の優雅な女性巡礼者の肖像

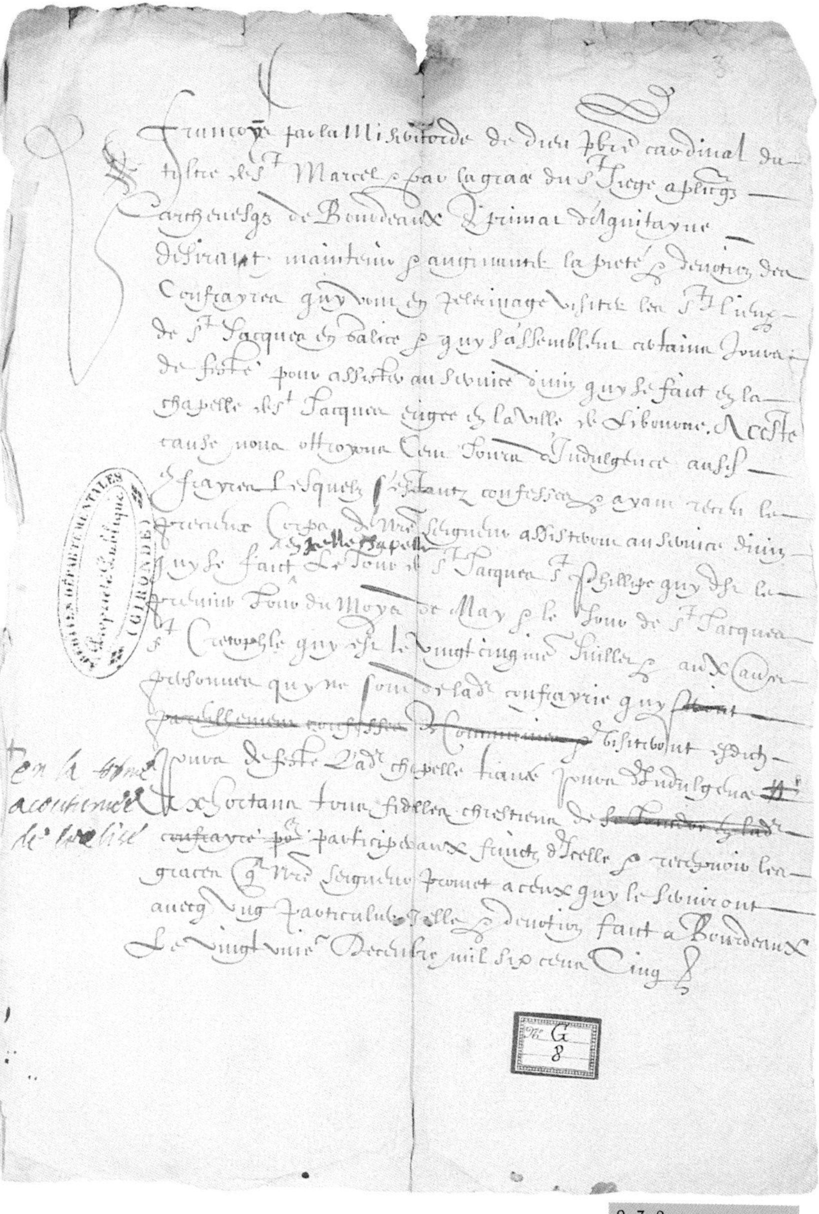
François par la Misericorde de Dieu prebstre cardinal du
tiltre de St Marcel, par la grace du St Siege apostolique
archevesque de Bourdeaux, primat d'Aquitaine
desirant maintenir et augmenter la piété et devotion des
confrayres qui ont en pelerinage visité les St lieux
de St Jacques en Galice et qui s'assemblent certains jours
de feste pour assister au service divin qui se faict en la
chapelle de St Jacques erigée en la ville de Libourne. A ceste
cause nous ottroyons cent jours d'indulgence ausd.
confrayres lesquelz estant confessez et ayant receu le
precieux corps de Nre Seigneur assisteront au service divin
qui se faict le jour de St Jacques et St Phillippe qui est le
premier jour du moys de May et le jour de St Jacques
et Cristophle qui est le vingt cinquiesme juillet et aux autres
personnes qui ne sont de lad. confrairie qui [illegible]
visiteront lesd.
jours de feste lad. chapelle cent jours d'indulgence
Exhortans tous fideles chrestiens de [illegible] lad.
confrairie pour participer aux fruicts d'icelle et recevoir les
graces que Nre Seigneur promet a ceux qui le serviront
avec un particulier zelle et devotion. Faict a Bourdeaux
le vingt huictiesme Decembre mil six cens cinq
ARCHIVES DÉPARTEMENTALES (GIRONDE)
G
8

❖11世紀末と12世紀に，サンティアゴ・デ・コンポステーラの巡礼路沿いでは，大勢の巡礼者を収容できる新しいタイプの大聖堂が建設された。それらの教会には，非常に見事な建築技術がもちいられ，きわめて完成度の高いロマネスク美術が花開いた。その結果，建物の正面や回廊が強い信仰にもとづいた華やかな彫刻群で飾られたが，その題材となったのは，もちろん聖ヤコブの図像とその物語だった。……………………………………

第４章

ロマネスク美術の栄光をたたえて

〔左頁〕レオンのサン＝イシドロ教会の正面（版画）――スペインのロマネスク美術の発祥地であるこの教会では，サンティアゴ・デ・コンポステーラ大聖堂やトゥールーズのサン＝セルナン教会（右は，内陣の大理石の浮彫り）と同じく，大規模な彫刻芸術が発展した。

巡礼路様式の大聖堂：新しい建築様式

1世紀ほど前から，ロマネスク建築を研究する歴史家たちは，フランスのロマネスク建築を地域ごとに，古さと技法をもとに分類しようとしてきた。しかし，そのような相違や地理的な距離を超えて，ひとつのモデルから着想を得たと思われる数多くの共通点をもつ建築物が存在する。それらの建築物は，サンティアゴ・デ・コンポステーラの巡礼路沿いに建てられている。トゥールのサン=マルタン教会，リモージュのサン=マルシアル教会，コンクのサント=フォア教会，トゥールーズのサン=セルナン教会，サンティアゴ・デ・コンポステーラ大聖堂が，その代表例である。

11世紀末から12世紀初頭にかけて，いくつかの大聖堂や修道院付属教会は，中央に設けられた3つから5つの身廊，そこから横に張りだした一般的に3つの身廊をもつ交差廊，周歩廊や放射状祭室で構成されるシュヴェ〔祭壇をか

こんでいる部分〕からなる，建築様式を採用するようになった。建物の正面は，背の高い四角い塔を備え，力強くまっすぐそびえているのに対して，その反対側に位置するシュヴェは，高さの異なる周歩廊や，交差廊に接木されたような形の後陣をかこむように並んだ小後陣など，さまざまな大きさの建築空間が寄せ集められ，凹凸状になっている。

さらに，中央の身廊は

⇩ポワティエのノートル=ダム=ラ=グランド教会——フランス西部のロマネスク様式の教会の正面は，一般的に，控え壁や円柱で縦に3つの部分に区切られている。正面入口の上にはティンパヌムがなく，たくさんの彫刻がほどこされたアーチ形の天井がついている。彫刻はこの部分だけではなく，正面全体をおおっている。

⇦コンクのサント=フォア教会の階上廊——階上廊がなにに使われていたか，いまだに専門家たちのあいだでも結論が出ていない。壁と壁のあいだや円柱のあいだにつくられた狭い廊下であるトリフォリウムは，通路であると同時に装飾の役割もはたしていた。

それに対してロマネスク様式の教会の階上廊は，大勢の巡礼者を収容した場所と推測されているが，トリフォリウムのように床が舗装されておらず，下からのぼりにくい構造であることから，この推測は正しくないように思われる。

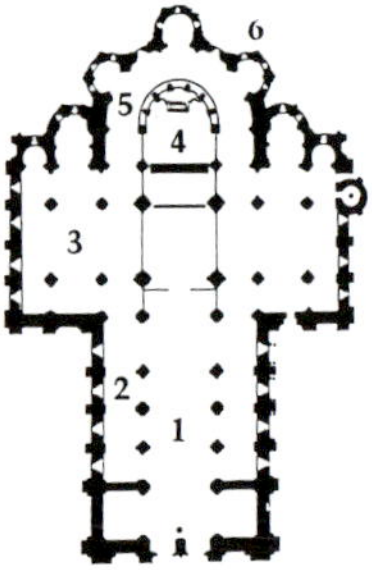

⇧コンクのサント=フォア教会の平面図

⇩断面図——数字の7の部分が階上廊だが，らせん階段がひとつあるだけで，ほかの場所とはつながっていない。

天井がきわめて高く，横断アーチの上に半円筒ヴォールトがかけられている。側廊〔身廊の左右にある廊下状の部分〕の天井はもっとずっと低く，その上に階上廊が広がっている。階上廊はアーケードで中央の身廊側に大きく開かれている。建物内は，十分に明るい。階上廊の開口部から間接的に光がさしこむのに加えて，側廊からも直接光が入るからである。

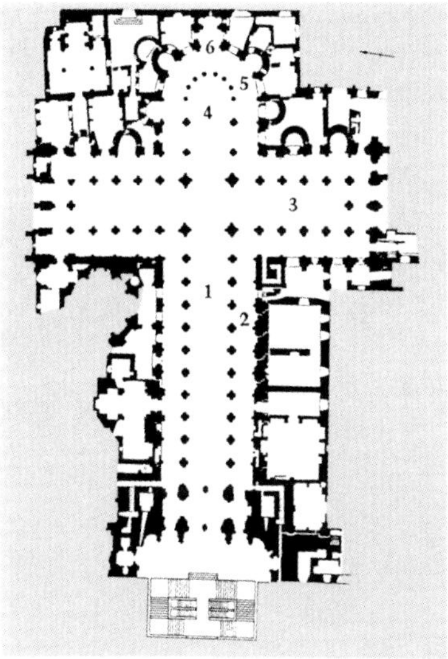

⇧サンティアゴ・デ・コンポステーラ大聖堂の平面図──コンクのサント=フォア教会をはじめとする多くの巡礼路教会と同じく，サンティアゴ・デ・コンポステーラ大聖堂の内部も，巡礼者の行き来がしやすい構造になっている。

身廊（1）と側廊（2）は交差廊（3）につながり，その先に聖職者だけが入ることのできる内陣（4）と，周歩廊（5）がある。さらにその先には，放射状祭室（6）が並んでいる。

殺到する巡礼者の数に見あった大きさ

ロマネスク建築の大きな成功の一例となったこのような巡礼路様式の教会は，時代をさかのぼれば古代後期の建物に起源をもつが，ロマネスク様式のはじまりがいつであるかを明確にすることは難しい。

11世紀末以前に建てられたコンクのサント=フォア教会が最初の例だと推測されているが，巡礼路様式が確立したのは1120年ころである。トゥールーズのサン=セルナン教会とサンティアゴ・デ・コンポステーラ大聖堂のどちらが先に完成したかという議論は現在もつづいているが，1096年にローマ教皇ウルバヌス2世がトゥールーズのサン=セルナン教会のシュヴェを聖別していることから，そのころサン=セルナン教会はほぼ完成していたと考えられる。一方，1075年に建設が開始されたサンティアゴ・デ・コンポステーラ大聖堂も，同じころにはかなり工事が進んでいた。

これらの建物は，大勢の巡礼者が入れるよう，非常に大きかった。たとえばサンティアゴ・デ・コンポステーラ大聖堂の長さは，97メートルもある。聖遺物信仰の高まりにともない，シュヴェには聖遺物を収めた祭壇を備えた礼拝堂が数多くつくられた。それらの礼拝堂を見る巡礼者のために，建物内

⇦トゥールーズのサン=セルナン教会の周歩廊――シュヴェにもっとも古い部分が残るトゥールーズのサン=セルナン教会は，コンクのサント=フォア教会，トゥールのサン=マルタン教会，リモージュのサン=マルシアル教会，サンティアゴ・デ・コンポステーラ大聖堂といった，巡礼路様式のロマネスク建築を理解するためにふさわしい建物である。

サン=セルナン教会は，身廊がひとつにふたつの側廊がつき，階上廊が備わっている。さらに，大きくつきでた広い交差廊，シュヴェ，周歩廊，放射状祭室もある。1100年代の典型的な巡礼路様式で建てられたこの大聖堂の祭壇は，彫刻家ベルナール・ジルデュアンが制作した。

大理石の祭壇の上部は花びらの形をした切れこみ模様で飾られ，側面にはイエス・キリストの姿が描かれている。周歩廊にも，玉座についたキリストと4人の福音書記者の象徴が四隅に刻まれた7枚の大理石板がある。ベルナール・ジルデュアンの工房の作品とされているこれらの大理石板は，現存しない内陣を飾っていた古い円柱の一部だったと思われる。

の通路が整備された。

巡礼者は，側廊，周歩廊，交差廊を行き来したが，一方から入って，もう一方から出るようになっていたので，何千人もの群衆が完全に通路をふさいでしまうことなく，内陣にまで行くことができた。聖職者だけが入ることのできる内陣のなかは，立派なミサがあげられるよう，豪華に飾られた。

ピレネー以北と以南のロマネスク彫刻

19世紀末と，とくに20世紀初頭には，ロマネスク彫刻の発祥地がフランス南部かスペイン北部かという問題をめぐって，美術史家たちが激しい論争をくりひろげた。

フランスの美術史家エミール・マールは，1920年代に強すぎる愛国心から，フランス南部でロマネスク彫刻が誕生したと主張した。一方，スペインの美術史家マヌエル・ゴメス＝モレーノや，彼から影響を受けたアメリカの美術史家アーサー・キングスレイ・ポーターは，スペイン北部のロマネスク彫刻のほうがフランス南部のものより先につくられたと考えた。それに対して，フランスの美術史家エミール・ベルトーやポール・デシャンは，巡礼路の方向を理由に，フランス南部の彫刻がスペインにもたらされたと主張した。

トゥールーズのサン＝セルナン教会とサンティアゴ・デ・コンポステーラ大聖堂だけではなく，フランス南部モワサックのサン＝ピエール修道院付属教会，スペイン北部レオンのサン＝イシドロ教会やハカの大聖堂にも同じような彫刻がある。これらの彫刻にはコリント式〔古代ギリシア建築様式のひとつ〕の柱頭があることから，古代ギリシア・ローマの影響を受けているという点で，こんにち専門家たちの意見は一致している。しかし，ロマネスク彫刻の発祥地をめぐる論

⇧ライオンと雄羊をだいたふたりの女性――ふたりの女性がひとりはライオン，もうひとりは雄羊をだいて，脚を組んで話をしているように見える。この浮彫りは，おそらくトゥールーズのサン＝セルナン教会の西正面にあったものと思われるが，なにを意味しているかは，いまだにわかっていない。

ふたりの女性のあいだには文字が刻まれているが，まったく手掛かりにはなっていない。

⇦ハカのベネディクト会修道院にある王族の石棺を装飾する騎兵の彫刻――上の彫刻とほぼ同時代の作品。11世紀末の巡礼路沿いで，ロマネスク彫刻が発展したことがわかる。

争には意味がないというのが，大方の見方である。

スペインとフランスの建築物に共通する大規模な彫刻

1070年代から建設された3つの大きな建築物，つまりレオンのサン＝イシドロ教会，トゥールーズのサン＝セルナン教会，サンティアゴ・デ・コンポステーラ大聖堂の彫刻には，共通点がある。トゥールーズのサン＝セルナン教会の内部には，アーチの起点にロマネスク様式の柱頭が260もつくられた。11世紀末から1118年まで，ガイヤールという名前の彫刻家が，サン＝セルナン教会の彫刻制作に直接関与していることがわかっている。

しかしこの教会のロマネスク彫刻には，ベルナール・ジルデュアンという名前の彫刻家もかかわっている。1096年にローマ教皇ウルバヌス2世が聖別した祭壇に署名を残しているこの彫刻家の作品は，非常に個性的である。大理石でできた祭壇には，天使たちにかこまれ，聖母マリアと，使徒ヨハネをはじめとする大勢の使徒を従えた，まだ若いイエ

ス・キリストの姿が表現されている。

同じころ，ピレネー山脈の反対側でも，トゥールーズのサン＝セルナン教会のロマネスク彫刻とよく似た作品が姿をあらわした。サン＝セルナン教会の祭壇や，豪華な金銀細工を思わせる装飾が，サンティアゴ・デ・コンポステーラ大聖堂でもつくられたのである。柱頭には，それまでの植物文様に加えて，新しく動物文様が刻まれた。さらに同じ時期に，同じような彫刻が，レオンのサン＝イシドロ教会内の王家の霊廟にも登場している。

大聖堂の大規模な建設工事

これらの建築物は，教会が巡礼によって莫大な金銭的利益を得ていたことを裏づけ，それまで何世紀ものあいだ西ヨーロッパが経験したことのない大規模な建設工事が行なわれたことを示している。これらの建築物では，建物内部だけではなく，外側も豊かな彫刻で飾られた。

トゥールーズのサン＝セルナン教会では，彫刻家ベルナール・ジルデュアンによる作品の前，おそらく1090年代に，古代ギリシア・ローマの巨大な門から着想を得た伯爵門と呼ば

〔左頁〕レオンのサン=イシドロ教会内の王家の霊廟─トゥールーズのサン=セルナン教会の柱頭と，レオンのサン=イシドロ教会の柱頭（上）の関連性は，いままで何度も指摘されてきた。

サン=イシドロ教会の柱頭をつくった彫刻家たちは，はじめはモサラベ様式〔イスラム統治下のスペインで発展したキリスト教美術〕の作品を制作した可能性がある。サン=セルナン教会でも，古くは西ゴート様式から影響を受けたロマネスク様式の柱頭がつくられたかもしれない〔トゥールーズは，かつて西ゴート王国の首都だった〕。

さらに，サン=セルナン教会の初期の工房は，カタルーニャの大理石工たちを介して，モサラベ様式の技術を直接とり入れたことも考えられる。

これはひとつの仮説だが，実際の状況はもっと複雑だったと思われる。サン=イシドロ教会内の王家の霊廟の装飾は悪，罪，死との戦いをテーマとしている。

⇦ 幼児虐殺を描いたフレスコ画

れる門がつくられた。三角小《こ》間《ま》や柱頭に刻まれた浅浮彫りは，すべて宗教的な意味をもっていた。

ハカ大聖堂の南門も，似たような彫刻で飾られた。キリストを意味する記号の両側に2頭のライオンが刻まれ，1頭は両足でバジリスク〔ギリシア神話の怪獣〕と熊を踏み，もう1頭は，ヘビを手にした人間を守っている。このライオンは，死の世界を征服し，罪を悔い改めた人間に慈悲をあたえるイエス・キリストを意味している。

以後，サンティアゴ・デ・コンポステーラの巡礼路沿いでは，大きな教会が競って建物の外側に豪華な彫刻をほどこすようになった。たとえば，1112年以前につくられた，サンティアゴ・デ・コンポステーラ大聖堂のフランス門とプラテリアス

トゥールーズのノートル=ダム=ド・ラ・ドラード教会は19世紀初頭にとりこわされたが，1100年から30年のあいだに制作された，モワサックのサン=ピエール修道院付属教会の回廊のものと似た彫刻がほどこされた柱頭があった。

門である。またトゥールーズのサン＝セルナン教会では，彫刻家レイモン・ガイヤール（1118年没）が亡くなる少し前に完成したミエジュヴィル門に，同じような装飾がほどこされている。

この門は1100年より少しあとに，サンティアゴ・デ・コンポステーラ大聖堂のフランス門とプラテリアス門を知っていた，ベルナール・ジルデュアンの工房に属する彫刻家たちによって建設が開始された。そのため，聖書に登場する人物が刻まれた柱頭，ティンパヌム〔大聖堂の入口に位置する扉の上のアーチによって区切られた壁面〕の両側に配置された

〔左頁〕トゥールーズのノートル＝ダム＝ド・ラ・ドラード教会にあった柱頭の部分（上下）――旧約聖書に登場する敬虔な人物ヨブが描かれている。

⇩トゥールーズ様式の柱頭――ヘロデ王（左）と，ヘロデから洗礼者ヨハネの頭部を受けとるサロメ（右）を描いたもの。

トゥールーズのサン＝セルナン教会では，アーチの起点にロマネスク様式の柱頭が260近くつくられた。柱頭の装飾は，シュヴェから身廊に向かって変化している。シュヴェと交差廊の下部の柱頭は，さまざまなタイプのシュロの葉の模様や，そのほかの模様でおおわれている。周歩廊の柱頭は，コリント式の柱頭から派生したものである。シュヴェ内部の柱頭は，聖書に登場する人物が刻まれたもので，同じ種類の装飾は内陣の説教壇の柱頭にまでつづいている。身廊の外側にある側廊の柱頭には，もっぱら葉形装飾がついている。

⇧モワサックのサン=ピエール修道院付属教会のティンパヌム――ロマネスク様式の大きなティンパヌムに描かれている幻は，新約聖書と旧約聖書の文章，とくに「ヨハネの黙示録」から着想を得たものである。

1130年から35年ころに制作されたこのティンパヌムは，そのもっとも華やかな例となっている。中央には玉座のイエス・キリストが，そのまわりを4人の福音書記者の象徴とふたりの天使がかこんでいる。さらにそのまわりには，冠をかぶった24人の長老が3段にわかれて座り，幻に顔を向けている。

使徒ペトロとヤコブなど，類似する点が多い。

サンティアゴ・デ・コンポステーラの巡礼路の図像は存在するか

数十年前から美術史家たちは，サンティアゴ・デ・コンポステーラの巡礼路沿いの彫刻には，ほかにはない独自の図像があるのかという疑問をいだいてきた。

まず最初に，12世紀にサンティアゴ・デ・コンポステーラの巡礼路沿いでは，大きくわけていくつかのグループに属するロマネスク彫刻が発展したことを指摘しておく必要がある。モワサックのサン＝ピエール修道院では，聖書に登場する人物が刻まれた柱頭や浮彫りが随所にある大きな回廊が誕生した。トゥールーズやコンクの修道院でも，同じように大きな回廊がつくられたことから，11世紀末から12世紀にかけての時期に，サンティアゴ・デ・コンポステーラの巡礼路沿い

⇧コンクのサント=フォア教会のティンパヌム——ここには「罪人たちよ。自分の生き方を変えなければ，厳しい審判が待ちうけている」という文章が刻まれている。天の神が選ばれたものたちを片方の手で招きよせ，もう片方の手で地獄に落ちる運命にあるものたちを容赦なく追いはらっている。

ロマネスク時代に，教会はこのように建物の外側，とくに正面，入口，ティンパヌムなどで立派な彫刻を見せつけて，そこを通る人びとに，キリスト教の教義の集大成と，キリスト教が世界の秩序を形成していることを示そうとした。この作品は，まさにロマネスク様式の図像の勝利といえる。

にあったほかの修道院の回廊でも，ロマネスク様式の回廊に共通する特別な図像が存在したと推測できる。

また建物の外側を飾る彫刻にも，巡礼路沿いの作品に共通する図像があったと考えられる。トゥールーズのサン=セルナン教会にある伯爵門には，救済と地獄の罰をテーマとした彫刻が刻まれている。ティンパヌムの図像についても，同じことがいえる。トゥールーズ，レオン，サンティアゴ・デ・コンポステーラでは，巡礼者たちをむかえる教会の入口のティンパヌムに，神が姿をあらわす壮大な光景や，キリスト教の教義が説かれた場面が描かれている。

巡礼ともっとも結びついた図像は，当然のことながら聖ヤコブに関する図像である

聖ヤコブの図像は，最初は聖書の福音書や「使徒言行録」にもとづくものだったが，その後，伝説，とくにスペインでの布教，ガリシアへの遺骸の移葬，サンティアゴ・デ・コンポステーラでの墓の発見などのエピソードをもとにした図像が

加わった。中世には，サンティアゴ・デ・コンポステーラへの巡礼に関する多くの図像が誕生した。

なかでも,『カリクストゥス写本』と『コンポステーラ年代記』が重要な役割をはたしている。『カリクストゥス写本』の第2の書である『奇跡の書』には，聖ヤコブが起こした23の奇跡が記されており，そのうち12の奇跡については，年代記作者ヤコブス・デ・ウォラギネの『黄金伝説』にも再録されている。

これらの奇跡のなかで，とくに人気があったのは，サンティアゴ・デ・コンポステーラへ向かう途中で病気になった巡礼者の物語である。彼は仲間に置きざりにされたが，ひとりの男だけは最後まで彼を看病した。病気になった巡礼者が亡くなると，馬に乗った聖ヤコブが枕元にあらわれて，死んだ巡礼者と最後まで看病した男を馬に乗せ，ふたりをサンティアゴ・デ・コンポステーラへ連れていったという。

⇩聖ヤコブの姿が描かれた王家の旗――クラビホの戦いで，白馬に乗った戦士の姿であらわれた聖ヤコブは，イスラム教徒と戦うキリスト教徒に勝利をもたらしたとされている。そこから,「ムーア人〔イスラム教徒〕殺しの聖ヤコブ」の伝説的な図像が誕生した。

剣をもつ聖ヤコブの姿は，無信仰者との戦いと勝利にも結びつく。この旗には，戦士として，また使徒として王家を保護する聖ヤコブの姿が，それぞれ描かれている。二股にわかれた旗の先端の裏側には，サンティアゴ・デ・コンポステーラへの巡礼者の合言葉である「もっと先へ」という文字が書かれている。

⇧聖ヤコブの奇跡（14世紀の細密画）——神が地上で示す好意である，病人を治す力や悪魔を追いはらう力は，イエス・キリストから使徒たちに受けつがれた。

『カリクストゥス写本』の著者のひとりと考えられているエムリー・ピコーは，聖ヤコブは「イエス・キリストの栄光と名誉のため，目が見えない人を見えるように，耳が聞こえない人を聞こえるように，口がきけない人をきけるようにさせ，死者を生きかえらせ，あらゆる種類の病人を癒した」といっている。

数多くの巡礼歌や旅行記には，聖ヤコブが病気の巡礼者を驚くべき方法で癒《いや》したり，悪魔にとりつかれた人を助けたエピソードが書かれている。

『カリクストゥス写本』によって広まったもうひとつの聖ヤコブの有名なイメージは，イスラム教徒との戦いでキリスト教国スペインをひきいる戦士としての姿である。きわめて当然のことだが，このイメージはスペインで大人気となり，聖ヤコブはスペインの守護聖人となった。

中世スペインでは3大騎士団ができたが，最初に設立されたのがサンティアゴ騎士団である。サンティアゴ騎士団は巡礼者の保護を使命としていたが，その一方で，異教徒との戦いに率先して参加することで国王に奉仕していた。この征服者としての聖ヤコブのイメージは，中世から最近にいたるまで，スペインがかかわった大規模な戦争で利用された。またフランドルやイタリアでも，さらにはヨーロッパ諸国によるアメリカ大陸征服時

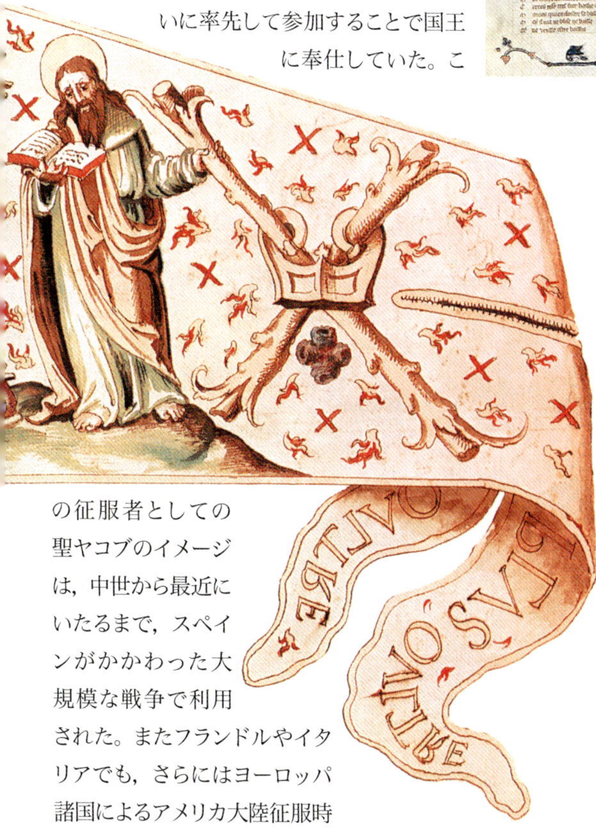

AVE MARIS STELLA DEI MATER
Nous trouvons en
ung livret apocrif
se qui est attribue
a saint iehan leu
uangile en quelle maniere las
sumption de la benoite vierge
marie fut faicte les apostres
estoient alez en diverses cotrees

⇦聖ヤコブの奇跡を描いた細密画（『黄金伝説』所収）——中世ヨーロッパで広く読まれた『黄金伝説』は，13世紀イタリアの年代記作者ヤコブス・デ・ウォラギネが書いた聖人伝で，聖ヤコブだけではなく大勢の聖人の伝記がまとめられている。この本の題名は，15世紀につけられた。

☆　☆

「聖ヤコブはこの町で，1年間イエス・キリストの教えを説いたが，2人しか改宗させることができなかった。（略）聖ヤコブが住んでいた山のなかに，マグダラのマリアに捧げられた教会があった。ある日，異教徒たちが，聖ヤコブに石を投げつけ，彼をムチで打った。聖ヤコブは苦痛と衰弱のなか，激しいのどの渇きを覚えて，神に祈った。

『神よ。私はあなたの大義のため，これほどまで忍耐強く苦しんでいます。どうか私をご覧になり，舌を湿らせるために水をおあたえください』

　そういって，彼は杖で地面をたたいた。すると，たちまちその場所に，水車がまわるほど大きな川ができた。人びとはそこに，立派な泉をつくった。その泉で，巡礼者たちはいまも水を飲んでいる」

『黄金伝説』

にも，このイメージは使われた。

地方の伝説と結びついた聖ヤコブ崇拝

聖ヤコブの伝説でもっとも有名なのは，聖母マリアの出現である。スペインのサラゴサ近郊で，天使たちにかこまれて柱の上に立った聖母マリアが聖ヤコブのもとに姿をあらわした。そのとき聖ヤコブ自身も，スペインで得た弟子たちを連れていた。彼は聖母マリアから，その場所に教会を建てるよう命じられたという。

しかしこの伝説をもとにした彫像や絵画では，聖ヤコブは弟子たちをともなわず，ひとりきりで，伝統的な使徒の姿で描かれることが多い。つまり，長い衣服を身につけ，裸足で，手には巻物か書物をもっている。また，彼固有の持ちものとして，剣が描かれることもある。ときには，横木が2本ある十字架が添えられることもあるが，これは，彼がスペイン初の大司教だったという伝説にもとづいている。人びとから非常に人気があったのは，巡礼者の姿をした聖ヤコブの図像だった。聖ヤコブは最初の巡礼者で，すべての巡礼者の象徴とみなされていたからである。

聖ヤコブのもっとも古い図像表現は，足までおおう長い衣服を身につけ（中世になると，衣服に腰ひもがつくようになった），マントのかわりに肩に布をかけ，閉じた，あるいは開いた巻物か書物を手にもっている（これは福音を説くという彼の使命をあらわしている），使徒としての姿を描いたものである。

13世紀以降，ペトロとヨハネをのぞいて，使徒たちはみな，自分の殉教と関係がある持ちものを手にした姿で表現されるようになった。聖ヤコブの持ちものは，自分の首をはねられた剣だが，同時に彼にとっての剣は，イスラム教徒との戦いに勝利した栄光の道具でもある。

歴史と結びついた図像表現

歴史と関連した聖ヤコブの図像は，おもに3つの資料，つまり『大受難の書』，サンティアゴ・デ・コンポステーラにまつわる伝説，奇跡物語の数々を出所とした連作で描かれることが多い。14世紀以降に発展したそのような作品は，一般的に次の8つのエピソードで構成されている。

1.ヤコブが（兄弟のヨハネと一緒に）イエス・キリストの弟子になる。
2.母のマリア＝サロメが，自分の息子たちがイエス・キリストの王国の特別な地位につけるよう願う。
3.イエス・キリストが，ヤコブを布教活動のために派遣する。
4.イエス・キリストの死後，ヤコブがスペインで布教活動を行なう。
5.エルサレムにもどったヤコブが，ユダヤ王ヘロデ・アグリッパの前で自分の無罪を主張する。
6.刑場に向かう途中，ヨシアスという名前の看守にヤコブが洗礼を授ける。ヤコブとヨシアスが処刑される。
7.ヤコブの遺骸が舟でスペインに運ばれる。

⇩14世紀から16世紀の西ヨーロッパでは，聖ヤコブの絵画や彫像が数多くつくられた。左頁は，ポルトガル（左下）とスペイン（右上）で制作された像。下は，イタリアの絵画。

8.ヤコブの遺骸が弟子たちの手で荷車に乗せられ，奇跡的におとなしくなった雄牛に引かれて女王ルパの宮殿に運ばれる。

この種の作品は，祭壇前の飾り《アンテペンディウム》や祭壇画で好んで描かれた。聖ヤコブの図像は多種多様で，数も非常に多く，地理的にも年代的にも広範囲にわたっている。聖ヤコブの人気はスペイン国内にとどまらず，サンティアゴ・デ・コンポステーラへの巡礼というテーマも超えて，聖ヤコブは広く巡礼者の象徴，罪を償おうとした中世の人びとの象徴となった。

さらに聖ヤコブは，フランク王カール大帝とも強く結びついている。カール大帝の王宮があったドイツのアーヘンに聖ヤコブが出現して奇跡を起こした伝説と，カール大帝がスペインで大きな影響力を行使した歴史的事実がその源にある。

⇧聖ヤコブの殉教

⇦ガリシアに運ばれる聖ヤコブの遺骸――聖ヤコブはスペインで多大な努力をしたが，人びとを改宗させることができず，ほかの土地へ行くことにした。

エルサレムに到着した彼は，そこで布教活動を行ない，ユダヤ人を改宗させたが，ユダヤ王ヘロデ・アグリッパに逮捕され，斬首刑に処せられた(上)。彼の首を切りおとしたとされている斧は，墳墓の近くの祭壇に置かれており，いまでも見ることができる。

彼の弟子たちは師の遺骸を集めて小舟に乗せ，海を渡った。天使があらわれて，行くべき方向を示すと同時に，ひとつの星が輝き，聖ヤコブが以前住んでいたパドロンの町に彼らを導いた（通説によれば，「コンポステーラ」は「星の野」を意味するが，その解釈はここに由来する）。聖ヤコブの遺骸は荷車に乗せられて，宮殿に運ばれた。

『カリクストゥス写本』の第4の書『カール大帝とローランの物語』にはそれらの内容が記されている。

⇧スペインで説教をする聖ヤコブ――聖ヤコブは，馬に乗った戦士，巡礼者，説教する使徒など，さまざまな姿で描かれるが，どの姿でも彼の帽子には，12世紀に巡礼者のしるしとなった帆立貝がついている。

聖ヤコブ崇拝

聖ヤコブの生涯のさまざまな場面は，絵画や彫刻の連作として表現された。なかには，ひとつの作品に複数のエピソードがもりこまれたものもある。見事なリブ・ヴォールトにおおわれたサンティアゴ・デ・コンポステーラ大聖堂の聖遺物礼拝堂には，1456年にイギリスからもたらされた，聖ヤコブの生涯を描いた5枚の彩色アラバスター〔大理石の一種〕の浮彫りが，ほかのたくさんの美術作品と共に所蔵されている。

父ゼベダイと一緒に漁をしていたヤコブは，兄弟のヨハネと一緒にイエス・キリストの弟子になった（102頁）。ヨハネとヤコブは，イエス・キリストの12人の使徒に選ばれた（103頁）。ヤコブはスペインで布教活動を行ない（左頁），その後，エルサレムで斬首刑に処せられ（右頁），その遺骸がガリシアに運ばれた（上）。

❖12世紀に建てられた大聖堂は，サンティアゴ・デ・コンポステーラの歴史的・精神的中心である。その周囲にはたくさんの教会や病院，修道院が存在し，聖ヤコブの祝日である7月25日には毎年盛大な祭りが行なわれる。ロマネスク様式の彫刻で飾られたこの大聖堂をめざしての巡礼は，激動の歴史のなか，長くキリスト教の信仰の象徴でありつづけた。

第５章

サンティアゴ・デ・コンポステーラへの到着

⇨サンティアゴ救護院の陶製の紋章タイル――スペインやポルトガルに多い壁を飾る絵タイルは，サンティアゴ・デ・コンポステーラに到着した外国人巡礼者の心を奪った。この陶製のタイルには釉《うわぐすり》がかけられ，全体として浮彫りの効果が強調されている。

〔左頁〕1850年ころのサンティアゴ・デ・コンポステーラ大聖堂の内部を描いた絵画。

大聖堂の入口

大聖堂の西には，スペイン広場とも呼ばれるオブラドイロ広場があり，この広場に面した門が大聖堂の正面入口である。この門は18世紀につけ加えられたきわめて華麗な建築物で，文字どおりバロック期の傑作となっている。門の前には二重に手すりがついた階段があり，門全体の垂直性を際だたせている。フェルナンド・カサス・イ・ノボアの作品とされるこの門は，まるで巨大な祭壇画のように豪華な彫刻がほどこされている。門の両側には塔があ

り，右側はカラーカ門，左側はカンパナリオ門と呼ばれている。

大聖堂の北には，アサバチェリア広場がある。広場に面した門は天国の門とも呼ばれている。以前は壮麗なロマネスク様式の建築物だったが，1757年に現在の門に建てかえられた。

大聖堂の東には，キンターナ広場がある。大聖堂のシュヴェがこの広場に面している。南にはプラテリアス広場がある。プラテリアスは銀細工師の意味で，これは以前この場所に銀細工師たちの工房があったことに由来する。この広場に面した門からは，階段で大聖堂のなかに入ることができる。

大聖堂のロマネスク彫刻は，スペインのロマネスク彫刻のなかでもきわめて重要なもののひとつに数えられる

現存しない北の門は，南の門と同じく，大きさの等しいふたつの半円

16世紀と17世紀にかけて，サンティアゴ・デ・コンポステーラの町の外観が変わった。ロマネスク様式の大聖堂が，バロック建築の壮麗な装飾でおおわれたのである。1625年に聖遺物礼拝堂の修復の一環として，ベルナルド・カブレラがらせん形の円柱を備えた祭壇画を設置したのが，そのはじまりだった。

16世紀と17世紀にはサンティアゴ・デ・コンポステーラへの巡礼者が減少したが，18世紀に入るとふたたび増加した。スペインでブルボン家が国王の座につき，外国との交流が活発化したことがその理由としてあげられる。当時のフランスには，サンティアゴ・デ・コンポステーラへの巡礼からもちかえったと思われる帆立貝の貝殻がたくさん存在した。

左頁左下は，サンティアゴ・デ・コンポステーラ大聖堂の正面の計画図。中央は，完成したオブラドイロ門。下は，大聖堂の改築計画が記された書物。

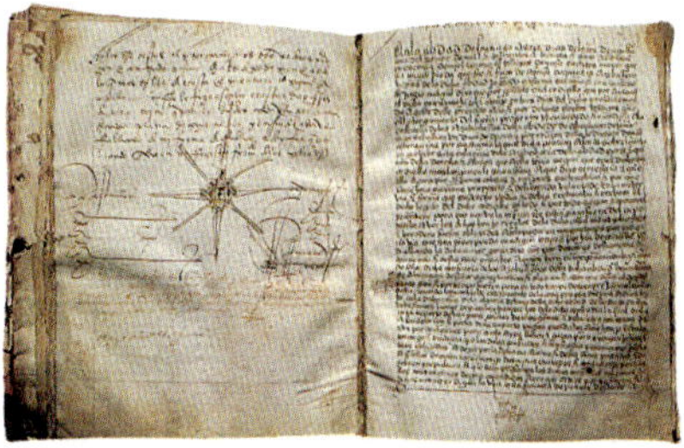

「9世紀から18世紀までのサンティアゴ・デ・コンポステーラへの巡礼の歴史は，3つの時期にわけることができる。
巡礼がはじまり，聖ヤコブ崇拝が広がるようなった最初の時期は，おもに貴族階級と騎士階級の巡礼の時代だった。
次に，12世紀から15世紀にかけて，巡礼と聖ヤコブ崇拝が最高潮に達した。カトリック教国のさまざまな社会階級の人びとが，巡礼に訪れた。
16世紀以降，巡礼者の数は減った。それはおもに宗教改革が原因だったが，巡礼に対するカトリック教会内の考え方の変化も理由としてあげられる。カトリック教国からやってくる巡礼者の数は停滞した」

ヤン・ファン・ヘルワーデン

⇦工事中のサンティアゴ・デ・コンポステーラ大聖堂のデッサン(左上と右上，1657年)。下は，1668年にトスカーナ大公コジモ・デ・メディチが旅行した際の，サンティアゴ・デ・コンポステーラ全景のデッサン。

アーチでできていた。さまざまな文献によると，中央には玉座についたイエス・キリストの姿が刻まれ，そのまわりには，大聖堂の入口で信者たちに祝福をあたえるかのように，4人の福音書記者が並んでいた。右のティンパヌムでは，地上の楽園と，アダムとイヴの堕落が，左のティンパヌムでは，楽園から追放されるアダムとイヴと，聖母マリアへの受胎告知が描かれていた。罪と償いの対比が，北の門全体の図像の中心的な概念だったと思われる。

南のプラテリアス門は，ロマネスク彫刻の至宝といえる作品で，聖人たちの姿がぎっしり刻まれている。右のティンパヌムでは，イエス・キリストの受難と彼の幼少期の場面が，左のティンパヌムでは，悪魔によるイエス・キリストの誘惑が描かれている。

ロマネスク様式でつくられた昔の西の門は，1188年に彫刻家マテオの有名な作品で，中世美術の傑作のひとつである栄光の門に建てかえられた。ティンパヌムでは，イエス・キリストが旧約聖書の預言者モーセとエリヤをともなって，山の上で光り輝く姿を弟子たちに見せた「イエス・キリストの変容」の場面が描かれている。また，最後の審判と黙示録を題材とした彫刻もある。これらの彫刻には，生まれつつあったゴシック様式の影響がところどころで感じられる。

〔右頁〕栄光の門——12世紀末に，彫刻家マテオが制作したサンティアゴ・デ・コンポステーラ大聖堂の栄光の門は，聖ヤコブの柱が真ん中に立つ中央の大きな入口と，その上のティンパヌム，両脇のふたつの入口からなる。円柱には，預言者や使徒たちの彫刻が刻まれている（上はその部分）。

大聖堂の建設：非常に長い歴史

多くの研究と昔の版画によって，サンティアゴ・デ・コンポステーラ大聖堂の建設の歴史を知ることができる。工事は「シュヴェ」，より正確には「救い主の礼拝堂」と呼ばれる軸線上の祭室から開始された。軸線上の祭室に残されている碑文には，1075年に国王アルフォンソ６世と1070年から88年までサンティアゴ・デ・コンポステーラ司教を務めたディエゴ・ペラエスの提案で建設がはじまったと書かれている。

『アンテアルタレスの和解』(1077年) も，建設の歴史を知るための重要な資料である。1088年にはディエゴ・ペラエスと聖堂参事会の対立によって工事が中断し，1100年に大司教ディエゴ・ヘルミレスの指導のもとで再開した。『カリクストゥス写本』と『コンポステーラ年代記』も，工事の進捗状況を伝えている。

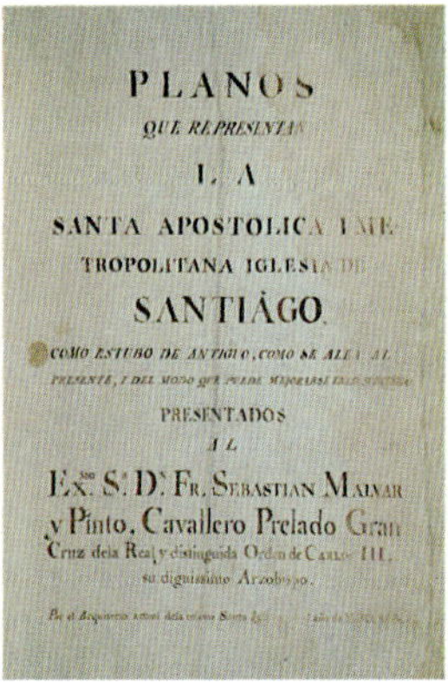

1102年に，シュヴェはほぼ完成した。1105年には８つの祭壇が聖別され，シュヴェと周歩廊と交差廊ができあがった。『カリクストゥス写本』によれば1122年，『コンポステーラ年代記』によれば1124年に，全体の工事が終了した。

一方，実際に建設にあたった人びとに関する情報はきわめて少ない。『カリクストゥス写本』には，工事の初期段階に職人頭の大ベルナールと彼を補佐するロベールの名前が記されている。第２期の1100年には，エステバンが指揮にあたったが，彼はまもなくパンプローナ大聖堂建設のためにサンティアゴ・デ・コンポステーラを去った。1109年に，小ベルナールがあとを受けついだ。大聖堂は，1211年にペドロ・ムニス大司教によって聖別されている。

⇖サンティアゴ・デ・コンポステーラ大聖堂の図面集――大聖堂の改築に加えて，写本や彩色挿絵の流通も，巡礼路沿いにある各地の教会建築に影響をあたえた。ピレネー山脈を超えたフランス側でも，少しずつ様式の変化が起きた。

⇦13世紀の写本に描かれたサンティアゴ・デ・コンポステーラ大聖堂の正面——向かって左から，王妃レオノール，国王アルフォンソ8世，職人頭フェランディの姿が描かれている。

大聖堂の平面図は，均整のとれた左右対称のラテン十字〔横棒がやや上方にある十字〕の形をしており，10の梁間からなる中央の身廊の左右に簡素な側廊があり，入口には拝廊が設けられた。シュヴェは半円形の広い軸線上の祭室からなり，周歩廊に面して5つの放射状祭室が並んでいる。これらのさまざまな要素は，完璧なバランスを保っている。目を引くものは階上廊で，交差廊の交差部は聖櫃天蓋《せいひつてんがい》でおおわれている。この聖櫃天蓋は，古くなって倒壊しかかったロマネスク様式

⇩サンティアゴ・デ・コンポステーラの地図——記録文書や文学作品が数多く残されているにもかかわらず，中世のサンティアゴ・デ・コンポステーラが実際にどのような町だったかは，あまりよくわかっていない。

9世紀に聖ヤコブの墓が発見されたときから，この町の歴史の第1段階がはじまった。その後，10世紀にかけては，代々

の司教の個人的な努力によって，サンティアゴ・デ・コンポステーラはガリシアの聖なる都市として発展した。当初から，聖ヤコブの墓があった場所は，町の中心地としての役割をはたしてきた。

⇦サンティアゴ・デ・コンポステーラ大聖堂の栄光の門の右側の側廊（下は，栄光の門の内部）――「西暦1188年，スペイン暦1226年4月1日，聖ヤコブ教会の主要な門のまぐさ石〔出入口の上に水平に渡した石〕が，この門の工事を最初から監督してきた職人頭マテオによって置かれた」

この碑文によって，中世の重要な彫刻作品のひとつである栄光の門の制作年代がわかる。栄光の門の側廊の入口にはティンパヌムがないので，ロマネスク様式の大聖堂の身廊の奥行きがある空間を見渡すことができる。

の採光塔のかわりにつくられたもので，以前の採光塔は，八角形の塔を支える土台の部分しか残っていない。

巡礼地としての役割が考慮された設計

大聖堂には多くの巡礼者が訪れたので，彼らが行き来しやすいような内部構造にする必要があった。巡礼者は栄光の門から大聖堂のなかに入り，身廊に進む。聖遺物礼拝堂，宝物殿，回廊は，右手にある。イベリア半島の作品でもっとも大きなもののひとつに数えられるゴシック様式の回廊は，建築家フアン・デ・アラバの設計にもとづいて1521年から建設がはじまり，16世紀末に建築家フアン・デ・エレーラとフアン・デ・アルセによって完成された。

⇧サンティアゴ・デ・コンポステーラ大聖堂の回廊――1124年にヘルミレス大司教のもとで工事がはじまったサンティアゴ・デ・コンポステーラ大聖堂の回廊は，文書のなかにしか残っていない。

1521年にフォンセカ大司教は，回廊の再建を開始した。この新しい回廊は，広い廊下にゴシック様式の優雅な柱が並び，その柱の外側は見事な彫刻が刻まれた控え壁で補強されている。また，廊下は豪華なリブ・ヴォールトでおおわれている。

聖遺物礼拝堂はフアン・デ・アラバの設計で1527年に完成した。そこには貴重な聖遺物が数多く収められている。たとえば，14世紀の聖遺物箱に入った聖ヤコブの頭部，聖ヤコブの歯が入った金メッキされた銀の肖像（1304年），15世紀に制作された聖遺物箱に収められたイエス・キリストの十字架の木片などである。

ゴシック様式のサン・フェルナンド礼拝堂内にある宝物殿は，1456年にさかのぼる。室内には，聖ヤコブの生涯が，七宝がほどこされ宝石類がはめこまれた見事な浅浮彫りと，金メッキされた彩色アラバスター〔大理石の一種〕の高浮彫りで描かれている。聖遺物礼拝堂と宝物殿のあいだの広間におごそかに立っている聖ヤコブの騎馬像は，サンティアゴ・デ・コンポステーラの町で行列が組まれるときに使われる。

伝承によれば，完全な形の聖ヤコブの遺骸は，中央の礼拝堂の壮麗な主祭壇の下に安置されていた。『巡礼案内書』

⇦栄光の門の前の巡礼者たち――栄光の門は，19世紀にこの地を訪れた芸術家たちを魅了した。彼らはそこに，中世の歴史と建物を見いだしたのである。

左はヘナロ・ペレス・ビジャミル（1807〜1854年）の作品で，魅力的な光景を描いているが，これは現実と虚構を巧みにまぜあわせた絵だといわれている。そのため実際に彼が見たものを描写した部分と，空想した部分を見わけることは難しい。

中央上方のティンパヌムには，驚くほど生気にあふれ，いまにも飛びだしそうな，栄光のイエス・キリストの姿が見える。一方，福音書記者，天使，預言者，使徒たちは，遠近法にしたがって表現され，巡礼者の一団と調和するように彩色されて，全体の構図を際だたせている。

この画家が自分の作品にとり入れた光の効果は，当時としては常識外れで，あまりにも大胆すぎると人びとを当惑させた。だがその光の効果によって生みだされた微妙な透明感が，魅惑的で幻想的な作品世界をつくりあげている。

には，こう書かれている。

「それは大理石の棺に入れられ，適切な大きさの見事な細工のヴォールトにおおわれたすばらしい墳墓に収められている。(略) 墳墓の上には弟子たちによって質素な祭壇がつくられ，その後は，使徒と弟子たちへの愛のため，誰もそれを破壊しようとはしなかった，といわれている。そしてその上には，見事な大きい祭壇がもうひとつある」

『巡礼案内書』によれば，祭壇の中央に

は玉座のイエス・キリストが描かれ，そのまわりを24人の長老がかこんでいた。福音書記者や使徒たちもおり，彼らのまわりには花模様の装飾がほどこされ，使徒たちは円柱で隔てられていた。

最後の終着点である，聖ヤコブの遺骸が収められた地下礼拝堂

ロマネスク様式の礼拝堂は，こんにちバロック様式の装飾と金銀細工におおわ

れているが，聖ヤコブの遺骸が収められている地下礼拝堂も例外ではない。

1589年に，当時スペインと戦闘状態にあったイギリスやオランダの攻撃から守るため，聖ヤコブの遺骸は祭壇の下のより安全な場所に移された。その後，時と共にその場所は忘れさられた。しかし1879年1月に，パヤ大司教の熱心な探索の結果，ふたたび発見された。大勢の巡礼者が入れるように，地下礼拝堂は拡張され，現在，聖ヤコブの遺骸は，ホセ・ロサダが昔の祭壇前の飾り《アンテペンディウム》，プラテリアス

⇦聖ヤコブの主祭壇――1884年にローマ教皇レオ13世が聖ヤコブの遺骸を本物として認めたあと，この主祭壇の下に地下礼拝堂がつくられた。地下礼拝堂には，1886年に制作された銀の聖遺物箱（上）があり，そのなかには聖ヤコブの遺骸が入っている。箱の正面には，後光がさしたイエス・キリスト，聖母マリア，使徒たちが描かれている。聖遺物箱のふたには，金銀細工師の署名と，キリストを意味する記号，アルファとオメガ〔はじまりと終わり〕の文字が刻まれている。

左頁は，祭壇画の一部だった聖ヤコブの騎馬像。

門，栄光の門から着想を得て設計した銀の聖遺物箱に収められている。

周歩廊のまわりには，カピラ・デル・ピラール，カピラ・デ・モンドラゴン，カピラ・デ・サン・ペドロ，カピラ・デ・サン・サルバドル，カピラ・デ・サン・バルトロメの，5つの礼拝堂がある。いつの時代も巡礼者たちは，豪華な装飾を眺めるため，あるいは静かに祈りを捧げるため，これらの礼拝堂に立ちよってきた。その近くには，交差廊と側廊もある。

大聖堂の周辺

大聖堂のなかには，博物館や図書館もある。図書館には，数多くの写本やインクナブラ〔最初期の活字印刷物〕が所蔵されている。集会室では，ジャン・ラエスが制作した非常に美しいフランドルのタピスリーを見ることができる。タピスリー博物館には，スペインのもっとも見事なコレクションのひ

⇩ヘルミレス館の外観——18世紀以降に再建された大司教館。1120年以降にヘルミレス大司教によって建設された。昔の建物の重要な遺構が残っている，中世スペインのきわめて興味深い非宗教建築のひとつである。

とくに簡素な装飾がほどこされた重厚なリブ・ヴォールトと，人物や植物文様で飾られた見事な持送り〔壁からつきだした石材〕がある大広間は，注目に値する。

とつが存在する。中2階にある考古学博物館では，たくさんの石棺，浅浮彫り，墓石を見ることができる。

⇧コレシオ・デ・フォンセカの救護院。
⇩オスタル・レイエス・カトリコスの正面玄関——スペイン・ルネサンスの至宝のひとつである。

大聖堂のまわりには，大聖堂と関係の深い建物が建てられた。たとえば，大聖堂の工事を再開したヘルミレス大司教は，1120年にロマネスク様式の非宗教建築であるヘルミレス館を建設した。オブラドイロ広場の大聖堂の向かいには，16世紀に王立救護院（オスタル・レイエス・カトリコス）が，18世紀にラショイ館が建てられた。ラショイ館の簡素な正面は浮彫りで飾られ，その上に聖ヤコブの騎馬像が乗せられている。また，コレシオ・デ・フォンセカをはじめとする大学が，大聖堂のまわりにいくつもつくられた。

プラテリアス門の向かいにはサン・ペラーヨ修道院が，アサバチェリア門の隣には威厳に満ちたバロック様式のサン・マルティン・ピナリオ修道院がある。また，サン・マルティネス教会やサン・フランチェスコ修道院もある。さ

らに旧市街には，サン・ミゲル教会やサン・ベニート・デル・カンポ教会など多くの重要な教会，ガリシア民族博物館とサン・アグスティン教会とサン・フェリックス教会を併設するサント・ドミンゴ修道院が集まっている。

⇩サンティアゴ・デ・コンポステーラ大聖堂のアサバチェリア門——この門は，最初はプラテリアス門に似た，ふたつの入口のある門だった。現在の門は，18世紀後半につくられた。

巡礼の町

サンティアゴ・デ・コンポステーラの町は，当然のことながら巡礼の町としての役割をはたすために発展し

た。聖ヤコブの墓が発見されたことを知った国王アルフォンソ2世は，その墓を修復させ，小さな教会を建てさせた。彼は聖ヤコブの貴重な遺骸を守り，聖ヤコブ崇拝を根付かせるため，教会の隣に3ヘクタールの土地をあたえて修道院をつくらせ，修道院長イルデフレッド以下12人の修道士を住まわせて，聖ヤコブの遺骸の上に建つ教会でミサをあげさせた。この教会を中心とする狭い範囲が，町の原型である。

初期のころ，町づくりは代々の司教の裁量に任された。司

⇧サン・マルティン・ピナリオ修道院——大聖堂の向かいにあるベネディクト会修道院。豪華でバランスのとれた巨大な正面入口は，円柱が3段に積み重なっている。この建物の床面積は，サンティアゴ・デ・コンポステーラ大聖堂よりも広い。

教によってさまざまな方針があったが，聖ヤコブの墓の場所は一貫して変わらなかった。

10世紀になると，シスナンドゥス司教が町に城壁をめぐらせた。城壁には6つの門が設けられ，城壁内には司教館もつくられた。町の重要性は増し，その結果，それまでイリア・フラビアにあった司教座〔司教区の中心〕がサンティアゴ・デ・コンポステーラに移った。当時すでにサンティアゴ・デ・コンポステーラには，アルフォンソ3世の新しい教会と，サンタ・マリア・コルティセラ教会があった。

初期の町の周囲には，新しく貴族階級の人びとが住むようになった。町はわずか数年で，大きく立派になった。城壁の外側にも新しく住みつく人びとが増えて，居住地区が広がった。これらの住民にも，城壁内の住民と同じ法的権利があたえられた。

シスナンドゥス司教の死後，国王が広大な土地を寄進した。そのころから，さまざまな社会階級の人びとがサンティアゴ・デ・コンポステーラに住むようになり，町は名実共に都市と

⇩サンティアゴ・デ・コンポステーラの地図――1000年ころ，サンティアゴ・デ・コンポステーラは都市として発展の一途をたどっていた。かつてないほど巡礼者の数が増え，町全体が全力で彼らをむかえ入れる態勢をとる必要にせまられたからである。

聖ヤコブの墓の発見から200年間で，町の面積は10倍に拡大した。11世紀末には，商人や職人を代表とする中産階級の人びとが，サンティアゴ・デ・コンポステーラの町のあちらこちらに住むようになっていた。

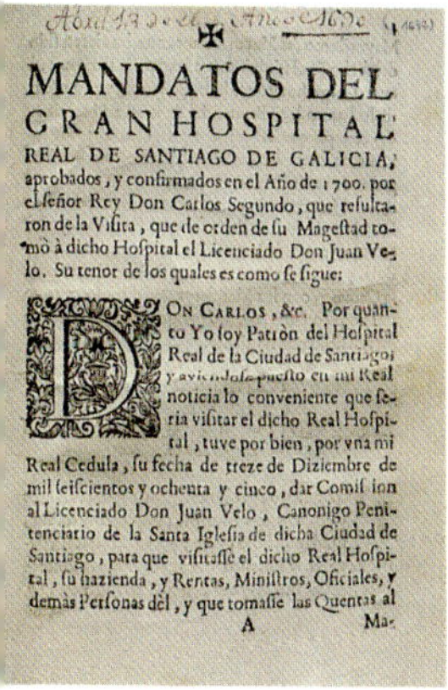

MANDATOS DEL
GRAN HOSPITAL
REAL DE SANTIAGO DE GALICIA,
aprobados, y confirmados en el Año de 1700. por el ſeñor Rey Don Carlos Segundo, que reſultaron de la Viſita, que de orden de ſu Mageſtad tomò à dicho Hoſpital el Licenciado Don Juan Velo. Su tenor de los quales es como ſe ſigue:

DOn Carlos, &c. Por quanto Yo ſoy Patròn del Hoſpital Real de la Ciudad de Santiago: y aviendoſe puesto en mi Real noticia lo conveniente que ſeria viſitar el dicho Real Hoſpital, tuve por bien, por vna mi Real Cedula, ſu fecha de treze de Diziembre de mil ſeiſcientos y ochenta y cinco, dar Comiſſion al Licenciado Don Juan Velo, Canonigo Penitenciario de la Santa Igleſia de dicha Ciudad de Santiago, para que viſitaſſe el dicho Real Hoſpital, ſu hazienda, y Rentas, Miniſtros, Oficiales, y demàs Perſonas dèl, y que tomaſſe las Quentas al
A Ma-

なった。クレスコニウス司教（在位1037～66年）は城壁を補強し，塔を備えて町の守りを強化した。

教会，救護院，托鉢修道会

『カリクストゥス写本』の著者のひとりであるエムリー・ピコーは，当時のサンティアゴ・デ・コンポステーラの町は城壁でかこまれ，7つの門があり，巡礼者たちが町に入るために使う中央の門はカミーノ門と呼ばれているといっている。そのころ町はかなり拡張されており，貴族階級に属する人も，商人や職人など市民たちも住むようになり，たびたび政治的な争いをくりひろげていた。また，大聖堂のまわりには，教会や病院が次々と建てられた。

托鉢《たくはつ》修道会，とくにアッシジの聖フランチェスコが創設したフランシスコ会と，聖ドミニコが創設したドミニコ会も，この町に修道院をつくった。アッシジの聖フランチェスコは

⇧サンティアゴ・デ・コンポステーラの王立救護院（オスタル・レイエス・カトリコス）――サンティアゴ・デ・コンポステーラに救護院の数が足りないことを知ったカトリック両王は，大規模な救護院の建設を決めた。工事期間は，1501年から11年までのわずか10年間だった。

回廊には，ルネサンス様式の装飾が残されている。建物全体の外観は簡素だが，それとは対照的に，入口の装飾は非常に凝っている。三角小間《こま》の円形装飾には，カトリック両王，つまりアラゴン王フェルナンド2世とカスティーリャ女王イサベル1世の半身像が刻まれ，その上には，12人の使徒たちの彫像が並んでいる。

↖1700年の王立救護院設立命令書

1213年から15年にかけて巡礼したとき，フランシスコ会が飛躍的な発展をとげ，サンティアゴ・デ・コンポステーラに修道院を建てる必要があるという内容の幻を見た。事実，フランシスコ会はサンティアゴ・デ・コンポステーラで，サン・マルティン・ピナリオ修道院が所属するベネディクト会にとってかわる力をもつようになった。

カトリック両王と呼ばれる，アラゴン王フェルナンド２世とカスティーリャ女王イサベル１世の統治時代には，中央集権化が進み，平和な時代

が訪れ，社会の再編成が行なわれた。芸術活動もより革新的になり，とくに，巡礼者のためにつくられた王立救護院（オスタル・レイエス・カトリコス）の建築を見ると，そのことがよくわかる。

フォンセカ大司教が大聖堂の回廊の再建を開始した16世紀前半は，中世から近代への移行期で，町はそれまでの混乱から立ち直り，バロック時代には聖ヤコブ崇拝の中心地として揺るぎない地位を確立した。

しかしそれと同時に，15世紀から18

⇙聖なる門の前の巡礼者たち（19世紀の版画）――「聖母マリアと彼女のいとし子に祈りを捧げます／どうか，聖ヤコブのお姿を見させてください」

⇩行列を組む巡礼者たち（17世紀の版画）——毎年7月24日の真夜中近くには，1万人から1万5000人の人びとがオブラドイロ広場を埋めつくし，長い行列をつくった。

世紀は，宗教改革に対するカトリック教会の刷新を背景に，一種の巡礼離れが起きた。カトリック教国からの巡礼者は激減し，スペイン王フェリペ2世やフランス王ルイ14世をはじめとする国王たちは，特別な条件を満たした上でなければ国外への巡礼を認めなくなった。

19世紀には，巡礼は目に見えて衰退した。しかし，1879年に大聖堂の地下から聖ヤコブの遺骸が再発見され，その数年後にローマ教皇が遺骸を本物として認めると，ふたたび巡礼がさかんになった。観光を目的とする旅行が増えたことも，巡礼の活性化に一役買っている。

聖ヤコブの祝日，7月25日

7月24日の真夜中から，サンティアゴ・デ・コンポステーラの町は祝祭の雰囲気につつまれ，オブラドイロ広場では花火があがる。翌25日の朝9時，町は21発の祝砲で目覚める。聖ヤコブを祝うための宗教行事がはじまる。市庁舎前でレセプションが行なわれ，次に，サンティアゴ・デ・コンポステーラ大司教とガリシアの司教たちを先頭に大聖堂へ向かう行列が組まれる。美しく飾られた大聖堂では，ラテン語でのミサが行なわれる。

ミサの前には，銀メッキされた巨大な香炉が振られて，聖堂内が香りに満たされる。

ミサには，政府の代表者も参加する。ミサが終わると，巡礼者たちは聖堂内をまわって，各自が好きな場所で祈りを捧げる。聖ヤコブの図像が多く描かれている礼拝堂は，とくに人気がある。

夕方7時ころになると，町のなかでふたたび行列が組まれる。この行列には，慈善事業に従事する人，政府関係者，修道士たちが参加する。聖ヤコブの絵画や像，とくにイスラム教徒と戦ってキリスト教徒に勝利をもたらした戦士としての聖ヤコブの絵画や像が，町のあちらこちらで見られる。

儀礼や決まりごとのなかには，本来の意味を失ってしまったものもあるが，それでもなお，巡礼の深い意味はいまも存在しつづけている。それは肉体と精神の苦行と浄化である。巡礼者はサンティアゴ・デ・コンポステーラの町に入るとき，体を洗って新しい服に着替えなければならなかった。そしてそのあと，巡礼を終えたことの証明書を受けとったが，それは罪を償ったことの証拠にほかならなかったのである。

ローマ教皇カリクストゥス2世が導入した最初の「聖ヤコブ年」は，1122年に祝われた。7月25日が日曜日にあたる年が聖ヤコブ年とされるが，1993年はスペインがヨーロッパ共同体に加盟してからはじめての，そしてヨーロッパ評議会がサンティアゴ・デ・コンポステーラの巡礼路をヨーロッパ初の文化路に登録してからはじめての聖ヤコブ年だった。

⇦サンティアゴ・デ・コンポステーラ大聖堂内の大香炉――この銀メッキされた真鍮製の大香炉は，ボタフメイロという名前で知られている。1554年につくられた以前の大香炉はナポレオン軍の侵略を受けたときにもちさられたため，それにかわって1851年に金銀細工師ロサダがこの大香炉を制作した。

サンティアゴ・デ・コンポステーラへの巡礼がこの大香炉のそばで終了するという慣習は，非常に古くからのものである。サモラ大聖堂，オレンセ大聖堂，トゥイ大聖堂など，ほかの大聖堂も同じような大香炉をもっていた。サンティアゴ・デ・コンポステーラは，おそらく現在では，整備された巡礼路を徒歩で長い日数かけてたどりつく，唯一の大きな巡礼地である。

1993年は聖ヤコブ年で，年初にアストゥリアス公〔スペイン王の推定相続人の呼び名〕が聖ヤコブ年の開始を告げた。この年は，20世紀末最後のヨーロッパ最大ともいえる巡礼者を集め，ガリシアをその言語や文化面で注目させることだろう。

〔左頁上〕サンティアゴ・デ・コンポステーラへ向かう巡礼者（16世紀の細密画）

〔次頁〕聖ヤコブの祝日にサンティアゴ・デ・コンポステーラ大聖堂前に集まった巡礼者たち

資料篇

聖ヤコブと巡礼者たち

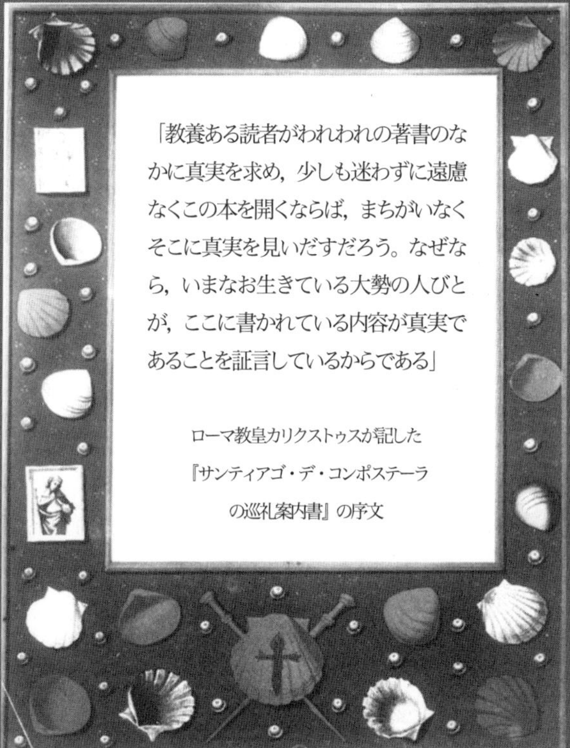

「教養ある読者がわれわれの著書のなかに真実を求め，少しも迷わずに遠慮なくこの本を開くならば，まちがいなくそこに真実を見いだすだろう。なぜなら，いまなお生きている大勢の人びとが，ここに書かれている内容が真実であることを証言しているからである」

ローマ教皇カリクストゥスが記した
『サンティアゴ・デ・コンポステーラの巡礼案内書』の序文

1 聖ヤコブの肖像

漁師出身で，イエスの高弟（使徒）となり，イエスの死後，スペインで布教する使命を負った聖ヤコブは，最初の巡礼者でもあった。彼はガリラヤ〔パレスティナ北部〕からスペイン北西部のガリシアまで行き，数々の奇跡を起こし，多くの苦難を乗りこえながら，模範的な人生を送った。エルサレムにもどったあと，彼は殉教し，その遺骸はスペインに移された。そして9世紀になってサンティアゴ・デ・コンポステーラで発見されたヤコブ墓は，またたくまに絶大な崇拝の対象となった。

⇧「ムーア人殺し」の聖ヤコブ（上）と，巡礼する聖ヤコブ（右頁）

イエス・キリストの名のもと，斬首刑に処せられた「雷の子」

舟のなかで漁網を片づけていたヤコブと彼の兄弟のヨハネを見ると，イエス・キリストは彼らにいった。「わたしについて来なさい。あなたたちを，人間をとる漁師にしてあげよう」

ヤコブと彼の一番下の弟ヨハネは，ガリラヤの漁師ゼベダイの息子だった。彼らはシモン（ペトロ）とアンデレの兄弟につづいて，イエス・キリストから直接選ばれた使徒たちである。イエス・キリストは，彼らに「雷の子ら（ボアネルゲス）」という名前をあたえた。

ヤコブとヨハネにはこの名前にふさわしいエピソードがある。イエスと共にエルサレムへ向かう途中，サマリア人の村で村民に歓迎されず，宿泊する場所を見つけることができなかったとき，彼らは天から火を降らせて彼らを焼き滅ぼそうかと師に提案したのである。また，彼らの母マリア＝サロメが，イエス・キリストが天の王座につくとき，自分の息子たちに特別な地位をあたえてほしいといったことに腹を立てたほかの10人の使徒と，けんかもしている。12人の使徒のなかでも，彼らはペトロと共に特別な3人の弟子としてのグループを形成していた。

彼らは，ヤイロの娘が生きかえった場面，タボル山でイエス・キリストが変容した場面に居合わせることができ，ゲッセマネの

園で苦悩するイエス・キリストの姿も見た。

イエス・キリストの昇天後，ヤコブはほかの使徒や弟子たちと共にエルサレムにとどまり，祈りの生活をつづけた。エルサレムで初期キリスト教会に対する最初の迫害が行なわれたとき，彼はほかの使徒たちと同じくエルサレムにいたと思われる。のちの時代の聖書外典〔正典から外された文書〕に記されているように，彼はおそらく〔パレスティナの〕ユダヤとサマリアで布教活動をしていた。

〔ユダヤ王〕ヘロデ・アグリッパが多くの

キリスト教徒を投獄したとき，彼はヤコブも逮捕し，斬首刑に処した（後44年）。つまり，ヤコブはイエス・キリストの証人として殉教した最初の使徒だった。処刑されたとき，彼は働きざかりの年ごろだったと考えられ，そのため図像ではたいてい中年男性の姿で描かれる。

パレスティナの伝説：『大殉教記』

5世紀のパレスティナで，ヘブライ語で使徒たちの伝記が記された偽書が登場し，のちにギリシア語とラテン語に翻訳され『偽アブディアス書』という名前で知られる。この書物は，西ヨーロッパでは『使徒たちの戦いの歴史』あるいは『使徒断章』という名前で知られている。この本の第4巻で，ヤコブについて，ユダヤとサマリアでの彼の布教活動，エルサレムでの斬首刑のことが書かれている。

⇧ガリシアに運ばれる聖ヤコブの遺骸（16世紀の板絵）

ここではじめて魔術師ヘルモゲネスのエピソードが語られるが，ヘルモゲネスはペトロが出会ったシモンという名前の魔術師（「使徒言行録」8章18～24節）と,そっくりである。ユダヤの大祭司アビアタルは,魔術師ヘルモゲネスの力で，ヤコブを信仰から引き離そうとした。ヘルモゲネスは,ピレトスという名前の弟子をヤコブのもとに送った。しかし，ピレトスがヤコブのもとで改宗したので，ヘルモゲネスはすぐにピレトスを呪縛した。ピレトスの息子はヤコブに頼んで，父親の呪縛を解いてもらった。すると，ヘルモゲネスは大勢の悪魔をヤコブのもとに送り，ヤコブを従わせようとした。しかしヤコブの命令で，悪魔たちはヘルモゲネスを捕えた。ピレトスのとりなしでヘルモゲネスは解放され，キリスト教に改宗した。悪魔たちから身を守るため,ヤコブはヘルモゲネスに自分の杖をあたえた。ヘルモゲネスは自分の魔術書をヤコブのところにもってきて，水のなかに投げすてた。

その後，大祭司はヤコブをヘロデ・アグリッパに引き渡し，ヘロデ・アグリッパはヤコブを斬首刑に処した。刑場に向かう途中，すでにのべたように，ヤコブは看守

の甲はむき出しのままである。彼らはくすんだ色の羊毛のマントを着ているが，そのマントは房飾りがついていてケープのようにひじまでたれさがっており，サグムと呼ばれている。

この人たちは身なりも悪く，食べ物や飲み物もひどい。ナバラ人は，家族全員，下男も主人も，下女も女主人も，全員が同じ鍋からごたまぜの食べ物を，スプーンを使わず手づかみで食べ，同じコップから飲み物を飲む。彼らが食事をする様子は，犬か豚ががつがつむさぼり食っているようであり，彼らが話す様子は，犬が吠えているようである。(略)

この地方をあとにして，オーカの森を通りすぎると，スペインの土地がブルゴスのほうへつづいている。それはカスティーリャとその田園地帯である。ここは非常に豊かな地方で，金銀に満ちている。家畜の飼料や丈夫な馬が，豊富に生産されている。パン，ワイン，肉，魚，牛乳，ハチミツも大量にある。しかし森林はなく，意地悪で堕落したものたちが住んでいる。

そのあと，レオン，イラゴ山とセブレロ山の峠を越えると，ガリシアに入る。この田園地帯は樹木が生い茂り，いくつもの川が流れ，草原や見事な果樹園がたくさんある。果物がおいしく，泉が澄んでいるが，町や村や耕地は少ない。小麦のパンとワインは多くないが，ライ麦のパンとリンゴ酒，家畜と乗用動物，牛乳とハチミツは豊かである。海でとれる魚は巨大だが，数は少ない。金，銀，織物，森の動物の毛皮，そのほかの資源が豊かで，イスラム教徒の豪華な財宝も多い。

ガリシアの人びとは，スペインのほかの未開人とくらべると，その習慣によってわれわれフランス人ともっとも近いが，彼らは怒りっぽく，いいがかりをつけるのが非常に好きだといわれている。

『サンティアゴ・デ・コンポステーラの巡礼案内書』

サンティアゴ・デ・コンポステーラへの巡礼者たちに対するもてなし

『巡礼案内書』には，巡礼者を親切にもてなさない人びとに対する警告も書かれている。

サンティアゴ・デ・コンポステーラへの巡礼者たちは，貧しい人も裕福な人も，行きも帰りも，すべての人から慈悲と尊敬をもって受けいれられなければならない。なぜなら，彼らを快くむかえ，宿を提供するものは誰でも，聖ヤコブだけではなく，主イエス・キリストご自身を客としてむかえることになるからである。

主は福音書でこういわれた。

「あなたがたを受け入れる人は，わたしを受け入れる」

これまで，神の怒りを買った人は大勢いる。彼らはサンティアゴ・デ・コンポステーラへの巡礼者や貧しい人を受けいれなかったからである。

ジュネーヴとリヨンのあいだに位置するナンテュアの町で，ある織物師が，サンティアゴ・デ・コンポステーラへの巡礼者がパンを求めたとき,それを拒んだ。すると突然,彼の織物が地面に落ちて，真ん中から破れた。ヴィルヌーヴでは,サンティアゴ・デ・コンポステーラへ行く貧しい巡礼者が，熱い灰のなかにパンを入れておいた女に神と聖ヤコブへの愛のために，施し物をくれるよう頼んだ。女がパンはないと答えると,巡礼者はいった。「あんたのパンなんか,石になればいい！」巡礼者がその家を去り,すでにかなり遠くまで行ってしまったとき,この意地悪な女が灰に近寄ってパンをとろうとしたところ，そこには丸い石しかなかった。女は後悔して，すぐに巡礼者を探しにいったが，見つけることはできなかった。

ポワティエでは，かつてふたりの元気なフランス人巡礼者が，サンティアゴ・デ・コンポステーラからの帰り道に無一文になって，ジャン・ゴティエの家からサン＝ポルシェール大聖堂まで，神と聖ヤコブへの愛のために宿を求めて歩いたが，見つからなかった。結局，サン＝ポルシェール大聖堂を通りすぎたあと，この通りの最後の家で，彼らは貧しい男に泊めてもらった。ここで神の罰がくだり，その夜，激しい火災が発生して，通りのすべての家，つまり,巡礼者たちが最初に宿を求めた家から彼らを受けいれた最後の家までが，またたくまに焼け落ちた。その数は，1000戸にも達した。しかし，神のしもべたちを受けいれた家だけは，神の恵みによって無事だった。

こういうわけで，サンティアゴ・デ・コンポステーラへの巡礼者は，裕福でも貧しくても，尊敬をもってもてなしを受け,宿を提供してもらう権利がある。

『サンティアゴ・デ・コンポステーラの巡礼案内書』

絞首台からおろされた絞首刑囚の伝説

ローマ教皇カリクストゥスによれば，あるドイツ人が息子と共に，1090年ころにサンティアゴ・デ・コンポステーラへの旅に出た。トゥールーズで宿に泊まったとき,宿の主人は彼を酔わせて，銀の杯をひとつ，彼のかばんのなかに隠した。翌朝,親子が出発すると，宿の主人は彼らを追いかけ，銀の杯を盗んだといって，泥棒よばわりした。親子が，自分たちの持ちもののなかに杯があったら罰を受けようといったので，かばんをあけると，杯が見つかった。親子は即座に裁判官のもとに連れていかれた。

判決がくだされ，親子の持ちものはすべて宿の主人にあたえられ，ふたりのうちどちらかが絞首刑に処せられることになった。父親は息子のかわりに自分が死ぬといい，息子は父親のかわりに自分が死ぬといった。

結局，息子が処刑され，父親は悲しみ

に暮れたまま，サンティアゴ・デ・コンポステーラへの旅をつづけた。それから26日後，父親はこの町にもどってきて，息子の遺体がつるされたままになっている場所で足を止めて，悲痛な叫び声をあげた。すると，つるされていた息子が突然口を開いて，父親をなぐさめた。

「さあさあ，お父さん，泣くのはやめてください。私は，いままでにないほど元気です。今日まで，聖ヤコブさまが私をお守りくださり，天国のごちそうを食べさせてくださったのです」

これを聞くと，父親は町に走っていった。町の人びとがやってきて，元気いっぱいの息子を絞首台からおろし，代わりに宿の主人をつるした。

ヤコブス・デ・ウォラギネ

『黄金伝説』

ドイツ人巡礼者たちの試練

「種をまき，貧困という収穫物を得たいものは，立ちあがり，サンティアゴ・デ・コンポステーラへの道を私についてきなさい」と，ドイツ人巡礼者たちは歌っている。

疲労が肉体を苦しめ，気力を失わせる。馬に乗っていく人びとは，40から50キロメートルのあいだ，鞍に座りつづけている。自分の馬をラバと交換する必要がないものは，よりいっそう幸せである！

ケルンの若い貴族アルノルト・フォン・ハルフは，こんなふうに旅をしなければならないことに激怒していた。荒野では野外で粗末な食事を騎士たちが準備しなければならず，そのために不可欠な調理道具一式を運ぶロバが，自分の横をちょこちょこ歩いていることに，よりいっそう腹を立てていた。本物の巡礼者が耐えなければならない苦しみとくらべれば，おそらくたいしたことのない自尊心の傷である。本物の巡礼者は，宿場から宿場へと足を引きずり，苦しみを長引かせたくなければ，少なくとも1日に20キロメートルは歩かなければならない。というのも，罪の償いという目的をはたすためには，いくらかの道のりは徒歩で行かなければならないからである。（略）

本物の歩行者にとって，なによりもつねに気を配らなければならないものは，靴である。『案内書』のなかでキューニヒは読者に，ピレネー山脈に入るところの村で，山道に入る前に編み上げ靴の底に打つとよいクギがつくられていると教えている。

フランシス・ラップ

「中世のサンティアゴ・デ・コンポステーラへの巡礼者たち」（1985年）

3 全ヨーロッパでの評判

すでに9世紀から，サンティアゴ・デ・コンポステーラはまずはスペインで，その後すぐにヨーロッパ全土で，さらにはヨーロッパを越えた地域で，宗教的な重要性を増していった。

レコンキスタ（国土回復運動）の英雄である聖ヤコブは，イスラム教徒の旅行者たちの興味さえ引いた。彼らは巡礼路沿いの地方でさまざまな妨害を受けたが，聖ヤコブによる数々の奇跡や，サンティアゴ・デ・コンポステーラに押しよせる巡礼者の数に強い印象を受けた。キリスト教徒の合言葉である「サンティアゴ」は，ヨーロッパ諸国出身のアメリカ大陸征服者(コンキスタドール）たちによっても使われた。

サンティアゴ・デ・コンポステーラは，カトリック教徒だけを魅了していたわけではなかった。時代がはっきりしない資料に，シメオンという名前のアルメニア人の隠者が，サンティアゴ・デ・コンポステーラへ行ったことがそれとなく書かれている。

彼はおそらく1020年ころ，パレスティナとイタリアに行ったあと，フランス南部を通ってガリシアへ向かい，聖ヤコブの墓を訪れた。そのあとイギリスへ渡り，ふたたびヨーロッパ大陸にもどると，最後は〔イタリアの〕マントヴァにある修道院に引きこもった。厳しい禁欲生活を送った彼は，土地の領主でのちにトスカーナ侯爵となったボニファーチオ・ディ・カノッサ（985年ころ～ 1052年）とその妻リキルデ・ディ・クレモナから，大きな尊敬を受けた。

スペインの年代記や『聖ヤコブの書』に記された聖ヤコブの奇跡物語のなかにも，11世紀に何人かのギリシア人がサンティアゴ・デ・コンポステーラを訪れたことが記されている。

レコンキスタ（国土回復運動）で聖ヤコブがはたした役割は，まさしくイスラム統治下のスペインにおけるアラブ世界にまで，サンティアゴ・デ・コンポステーラの評判を広めることになった。〔アラビアの〕有名な地理学者イドリーシー(1099/1100 ～ 1164/1165年）は，イベリア半島の地図にサンティアゴ・デ・コンポステーラに向かう4本の道を書きこんでいる。〔ポルトガルの〕コインブラから海路

⇩ムーア人殺しの聖ヤコブが描かれた旗

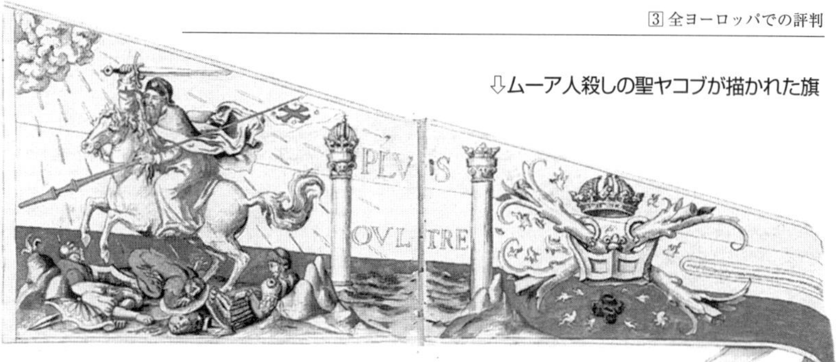

か陸路でサンティアゴ・デ・コンポステーラへ向かい，そこから海路で〔フランス南西部の〕バイヨンヌへ行く。バイヨンヌから陸路でロンスヴォー，パンプローナ，レオンにいたる道を，彼は「フランス人の道」と呼んでいる。

一方，サンティアゴ・デ・コンポステーラの評判を広めることは，異教徒たちに聖ヤコブ崇拝の重要性を認めさせることにも役だった。異教徒たちのあいだでも，キリスト教徒たちと同じくらい聖ヤコブ崇拝の重要性が認識されていた。異教徒たちが聖ヤコブの驚異的な力に大きな感銘を受けているのならば，どうしてよきキリスト教徒たちがそうでないことがあるだろうか。

『偽テュルパン年代記』には，外国の異教徒たちでさえ聖ヤコブの力に魅了されたという教訓話が書かれている。『サンティアゴ・デ・コンポステーラの歴史』(12世紀)には，〔スペインの〕コルドバからイスラム教徒の使者が〔サンティアゴ・デ・コンポステーラの〕大司教ディエゴ・ヘルミレスのもとを訪れた記述がある。サンティアゴ・デ・コンポステーラの巡礼路で，この使者はスペイン北西部における聖ヤコブ崇拝に心底感動している。彼が大司教と話をしていたとき，聖ヤコブが奇跡を起こした。その奇跡は，異教徒たちもキリスト教徒たちも驚かせ，彼らはそのことを口々に称賛し，その奇跡が聖ヤコブによって行なわれたことを疑うものはひとりもいなかった。

この著者は，さらに感情を高ぶらせている。使者の護衛をしていたアラビア人たちは，サンティアゴ・デ・コンポステーラへの巡礼者の数があまりに多いことに心を打たれ，聖ヤコブの力を実感していた。しかし，彼らが泊っていた家に何度も姿をあらわしたひとりの未亡人の敬虔な姿には，あきれかえっていた。毎日聖ヤコブに奉納物を捧げ，ロウソクをともしていたこの未亡人を，彼らはばかにし，あざ笑っていたのだった。著者が適切に指摘しているように，彼らが聖ヤコブの物語から受けた感動は，結局のところその程度だったのである。

ところが，あるとき彼らのひとりのうな

じに，腫瘍ができた。その腫瘍は悪性のものらしく，どんどん大きくなっていった。そこでそのアラビア人は，未亡人に，ロウソクをともして腫瘍が治るよう聖ヤコブに懇願してほしいと頼んだ。未亡人はロウソクを手にとると，彼の腫瘍にそれをあてて，十字を切った。それから彼女はいつもの奉納物をもって教会へ行き，聖ヤコブに祈りを捧げ，アラビア人の腫瘍が治るよう懇願し，腫瘍にあてたロウソクをともした。

するとそのとたん，聖ヤコブはアラビア人の腫瘍を治したが，腫瘍があった場所には傷跡が残った。アラビア人と彼の仲間たちは全員大喜びした。しかし，彼らがキリスト教に改宗したわけではないことに，注意しなければならない。もっとも著者は当然のことながら，高まっていく聖ヤコブの評判をまのあたりにして歓喜し，この機会に異教徒たちによって示された栄誉に心を奪われている。

巡礼路では，巡礼者を装った人間がかなりの数，行き来していた。彼らは必ずしも犯罪をたくらんでいたわけではない。スパイや，難しい任務を帯びた使者もいた。キリスト教世界でよく使われたこの方法は，ほかの世界でもまねされた。

たとえば，小アジアのイコニウム〔トルコ中部〕のイスラム教徒のある君主は，1230～34年に，ローマ教皇グレゴリウス9世（在位1227～41年）に，「ローマとサンティアゴ・デ・コンポステーラへ行くことを決意した修道士，あるいは質素な巡礼者に変装した」6人の人間を派遣した。そのうち，無事に帰国したのは，修道士に変装した2人だけだった。

イギリスの年代記作者マシュー・パリス（1250年ころ）の言葉を信じるならば，サンティアゴ・デ・コンポステーラの評判はモンゴルにまで達していたという。1240年ころ，ヨーロッパは，近東諸国を手はじめに大陸全土を侵略しようとしていたタタール――このようにモンゴル人は呼ばれていた――の脅威にさらされていた。1240年ころ，モンゴルに従属するようハンガリー王を説得するため，使者兼通訳の男がハンガリーの宮廷を2回訪れた。まもなく，この男はイギリス出身であることが判明した。彼はパレスティナのアッコ近郊で身ぐるみはがれて放置されたが，その後，長くて辛い放浪生活を送ったあと，「カルデア人」〔バビロニア南部に住んでいたセム系民族〕が住む地方にたどりついた。

そのあいだに，彼はいくつもの言語を習得し，タタールは彼を使者と通訳として使うために雇いいれた。ハンガリーの宮廷に到着すると，この使者は，タタールがさまざまな理由で侵略を正当化していることをあっさり告白した。

「あるときは，〔ドイツの〕ケルンに安置されている〔イエス・キリストの誕生を祝いに来た〕東方の三博士の聖なる遺骸を帰国させることを，またあるときはタタールを支配しようとしているローマ人の金銭欲と思いあがりを罰することを彼らは望んでいました。彼らは，北方の未開の民族を従属させ，『チュートンの怒り』〔ドイツ人〕に謙遜を強い，フランス人の戦術をわがものとし，大勢の遊牧民を養うための肥沃な領土を征服することを望んでいたのです」

そういったあと，最後に使者は，ガリシアのサンティアゴ・デ・コンポステーラへ巡礼に行く人びとを阻止する理由をあげた。

おそらくマシュー・パリスのこの指摘には，実際のタタールの意図より，彼の周囲でとりざたされていた巡礼に関する慎重な意見と，彼の国で多くの人が誤解していていたサンティアゴ・デ・コンポステーラへの巡礼の危険性が，より大きく反映されていると思われる。

とはいえ，サンティアゴ・デ・コンポステーラの魅力がカトリック世界を越えた遠い地域にまで広まっていたと推測されていたことが，ここから読みとれる。しかし実際には，少なくともわれわれの知るかぎり，ここで考察されている7世紀のあいだ〔12～18世紀〕に，ロシア地域からサンティアゴ・デ・コンポステーラを訪れた巡礼者はひとりもいなかったことは認めなければならない。

それでも，聖ヤコブ崇拝はまちがいなくカトリック世界の，いわば輸出品だった。当然のことながら，もっとも大きな割合をしめていたのはスペインで，それはカスティーリャの貢献によるものだった。イベリア半島におけるカスティーリャの勢力拡大は，あきらかにサンティアゴ・デ・コンポステーラのために役だった。

1492年に海外に領土を広げたことは，カスティーリャの国家としての重要事項で，カリブ海地域やアメリカ大陸に向かった大勢の征服者たちは，いうまでもなく聖ヤコブの保護を求めた。「聖ヤコブと揺るぎないスペイン」というのが，彼らのスローガンだった。

アメリカの先住民族が地面に座る習慣があったため，ムーア人殺しの聖ヤコブのイメージがより人気を博した。馬に乗ったムーア人殺しの聖ヤコブが足で踏みつけた異教徒のイメージと，地面に座るアメリカ先住民のイメージが結びついたからである。その結果，アメリカ大陸ではスペインの施設の多くに「サンティアゴ」という名称がつけられたのである。聖ヤコブ崇拝はヨーロッパのカトリック世界から，こうして西半球全体にまで広まっていったのである。

ヤン・ファン・ヘルワーデン
『サンティアゴ・デ・コンポステーラへの巡礼（12～18世紀)』
「サンティアゴ・デ・コンポステーラ，ヨーロッパの巡礼1000年」展のカタログ所収（1985年)

4 旅の手帳

1977年春，4月19日火曜日から6月8日水曜日まで，「ヌーヴェル・オプセルヴァトワール」誌のふたりのジャーナリスト，ピエール・バレとジャン=ノエル・ギュルガンは，50日間かけて徒歩で巡礼の旅をした。彼らは，その旅の様子をまとめた旅行記を出版している。

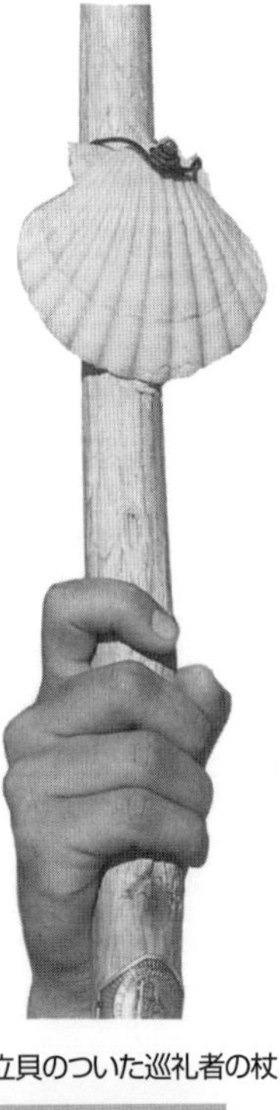

⇧帆立貝のついた巡礼者の杖

巡礼者の腱

ジャン=ノエル・ギュルガンの日記

ビジャフランカ・デル・ビエルソ〔スペイン北西部〕，6月1日水曜日。——かつて，これ以上旅をすることができないくらい病気が重かったり，衰弱しきった巡礼者たちは，ここで小さなサンティアゴ教会の扉にふれると，サンティアゴ・デ・コンポステーラに到着した場合と同じ贖宥《しょくゆう》〔罪の償いを免除すること〕を得た。危うく私も，この特別な恩恵にあずかる必要があるところだった。食あたりと腱のひどい痛みで，2日間苦しんだからである。雨が降りつづいて，休息できなかったことも災いした。

前方を軽やかに歩いているピエールは，なんの植物標本をつくるためだか知らないが，花をつんでいた。われわれの財産をねらって，彼が私を病気にしようとしたのではないかという疑念がわく。急な下り坂で私があとずさりしているのを見たとき，旅をつづけることができないのではないかと彼は危惧していた。実際には，動物は考えている以上に丈夫にできているので——いったいいつから，われわれは軟弱になったのか——私はすぐに元気をとりもどした。

私は，必ず旅を終えることができると信じていた。しかし，あらゆる事態がよい方向に変わり，ふたたび食事をし，地面に足をつけることができるようになったいまとなっては，もはや旅の終着点に到達したいとは思えなくなってきた。

たとえば，サンティアゴ・デ・コンポステーラの手前10キロメートルのところにある空港で足を止めて，そこでピエールを待つこともできるのだ。私はこの考えを彼に話した。彼は,私がわざとそんなことをいっていると思っている。決断をくだすまでは，まだあと5日ある。

旅仲間

ピエール・バレの日記

ジャン=ノエルと私のあいだは，いままですべて順調だった。毎日，われわれは50ものこまごました決定をくださなければならない。そのひとつひとつが，たがいの機嫌しだいでは，激しく対立する言い争いの口実となりうる。ふたりでは，民主主義もありえない。左の道を行くべきか，あるいは右の道か。日陰で休むか，それとも日なたでか。なんとしてでも予定の行程をこなすか，それとも明日にのばすか。実行可能なはっきりした答えがすぐに必要なので，われわれのように共に行動している場合，それぞれが次のような状態でなければ，目的を達することはできない。

1. それぞれが，共通の計画の成功を，あらゆる犠牲を払ってでも優先させる覚悟をしていること。
2. それぞれが，相手も同じようにしていると確信していること。

ふたりとも，自発的に，あるいはなんらかの理由によって，自分の自由よりも相手の自由を受けいれることを学ばなければならなかった。

ジャン=ノエルは，サンティアゴ・デ・コンポステーラに到着したくないといっている。私には，彼が意見を変えることを期待することしかできない。

ガリシアと「ガリシア人たち」

旅の手帳

6月7日火曜日。——明日はサンティアゴ・デ・コンポステーラ。人生が一変している。もはや私たちに，どこへ行くのかと聞く人はいない。どこから来たのかと聞かれる。

ガリシアは魅力的である。ここは古いケルト人の地方で，ときが道を，井戸の縁石を，人びとの顔をうがってきた。すべてが古風で，過去のものに見えた。中庭や路地の地面は，泥と牛糞が混じっていて，人

⇧サンティアゴ・デ・コンポステーラのベルギー人巡礼者

びとはかかとの高い木靴をはいて，苦労して歩いている。雌牛たちが，ソラマメ畑やキャベツ畑のあいだで，ほとんど溝がついていない車輪のついた狭い荷車をのろのろと引っぱっている。来年の堆肥をつくるために堆肥をくみだし，エニシダをなかに入れている。太陽の下で，ふたつのにおいが強く立ちこめている。

耕地では，女たちがやせた牛を引き，男たちはそのうしろで，フランスだったら博物館に所蔵するために探し求めるような原始的なスキの柄を押している。土地を10回も20回も念入りに耕す，入念さと忍耐が，道具にとってかわるのである。作業をしながら，ガリシア人たちは，なんでもやってくれる家族の仲間である雌牛たちに，妻に対してよりも多く話しかける。

彼らは1～2度，赤ワインを1杯飲まないかと，花崗岩でできた洞窟の奥に誘ってくれたが，彼らの暗さは決して変わらなかった。無知で，悲嘆に暮れている。おそらくいまでは彼らも，進歩というものが存在していることを知っているはずである——街道もテレビも，もはや少しも遠くにあるものではない。しかし彼らは目を閉じて，自分の確信だけにしがみついている。

モンジョワ！　旅の終わり

旅の手帳

6月8日水曜日。——モンテ・デル・ゴーソ，フランス語ではモンジョワ。ここから5キロメートル先には，ローマ教皇ヨハネ23世の言葉を借りれば「世界の灯台」が，霧雨のなかから姿をあらわしている。ここでかつて巡礼者たちはひざまずき，ついに巡礼路の終わりを目にしたことを聖ヤコブさまに感謝した。頂上に最初にたどりついたものは巡礼の「王（ル・ロワ）」と呼ばれ，その名前，つまりルロワという姓は彼と彼の子孫に残った。今日は，われわれが王たち（レ・ロワ）である。

バレ＆ギュルガン

『コンポステーラでわれわれのために祈ってください』(1978年)

⇧巡礼者たち（ドニャ・サンチャの石棺　ハカ大聖堂）

建築用語解説

◉**アーチ** 2本の柱をつなぐ，一般的には曲線状の建築部材。

◉**アンテペンディウム** 信者たちの正面に位置する，祭壇前の飾り。

◉**ヴォールト** 一般的には石でできた，建物の天井。中世の教会の石でできたヴォールトには，※**半円筒ヴォールト**，尖頭ヴォールト，交差ヴォールト，リブ・ヴォールト〔交差ヴォールトをリブで補強したもの〕がある。

◉**横断アーチ** ふたつの**ヴォールト**を隔てる**アーチ**，あるいは**半円筒ヴォールト**を補強するアーチ。

◉**階上廊** 教会の側廊の上に位置し，大きな開口部で中央の**身廊**に面している広い廊下。

◉**回廊** 屋根のある4つの廊下で構成され，アーケードで中庭に面した部分で，一般的には正方形をしている。修道士専用の区域で，教会の側面に位置し，回廊を中心に修道院の建物がつくられている。

◉**交差廊** 教会中央の**身廊**と十字形に交差する部分。

◉**後陣** 一般的に，建物の外側に張りだし**交差廊**のほうに開かれているか，壁面をくぼませた建築空間。平面図では，半円，多角形，長方形になる。

◉**祭壇画** 教会の祭壇の上，あるいは奥に置かれた，絵画や彫刻で飾られた垂直の構造物。

◉**三角小間《こま》** **アーチ**の曲線とアーチ上部の直角の枠のあいだの壁面，あるいは，ふたつのアーチに挟まれた壁面。

◉**軸線上の祭室** **身廊**の中心線上に配置された礼拝堂。

◉**シュヴェ** 教会の**身廊**の端で，一般的に祭壇をかこんでいる部分。シュヴェの凹凸は，**後陣**（中央の後陣や**小後陣**），礼拝堂，聖具室，**交差廊**の十字形の塔などで構成される。

◉**周歩廊** 信者たちが内陣を一周できるよう，環状に設けられた廊下。

◉**主祭壇** 大聖堂の中央祭壇。

◉**像形聖遺物箱** 一般的に木材でつくられ，金やさまざまな金属でおおわれている，聖人の体の一部の形をした，聖遺物を入れるための箱。

◉**小後陣** **後陣**に隣接する小礼拝堂。

◉**身廊** 教会の入口から祭壇にかけての部分。教会によって，ひとつ，あるいは複数の身廊が存在する。側廊〔身廊の左右にある廊下状の部分〕と区別して，とくに中央の部分を身廊とよぶこともある。

◉**聖遺物箱** 家や教会の形をした，聖遺物を入れる箱。芯は木材でつくられ，全体が金属板でおおわれている。

◉**聖櫃天蓋《せいひつてんがい》** 祭壇の上にある天蓋。金属，木，石，化粧漆喰などでできており，一般的には4本の柱で支えられている。彫刻がほどこされたり，絵が描かれていることもある。

◉**地下礼拝堂** 内陣の下に位置し，多くの場合**ヴォールト**におおわれた礼拝堂で，一般的に聖人の遺骸がおさめられている。

◉**柱頭** 柱（付け柱，支柱，円柱）の上部を飾り，荷重（アーチやアーキトレーブ〔梁《はり》〕）を支える部材。柱頭の主要部分には，たいてい彫刻がほどこされている。上部の頂板には，必ずしも装飾があるとはかぎらない。

◉**頂板** **柱頭**上部の石板。

◉**ティンパヌム** 大聖堂の入口に位置する，ロマネスク様式やゴシック様式の扉の上の**アーチ**によって区切られた壁面。彫刻がほどこされていたり，絵が描かれていたり，装飾がないものもある。

◉**トリフォリウム** 大きなアーケードか**階上廊**の上にあり，連続する開口部で**身廊**か内陣に面している狭い廊下。

◉**軒持送り** コーニス〔壁に置かれる水平の細長い突出部〕を外側から支える小さな石材。彫刻がほどこされていることもある。

◉**拝廊** 初期キリスト教時代にいくつかの教会の入口にあった，柱廊あるいは横に長い玄関で，洗礼志願者が入ることのできた場所。中世になると，この場所はただの柱廊となり，拝廊という言葉は適さなくなった。

◉**梁間** 連続する柱（円柱，支柱）で区切られた，縦に長い空間。

◉**半円筒ヴォールト** 半円筒形のヴォールト，あるいは半円アーチをつなげたもの。

◉**控え壁** 壁を支えたり補強するために，壁にとりつけられた石積みの部分。

◉**放射状祭室** 内陣〔祭壇を中心とする空間〕のまわりに置かれ，**周歩廊**のほうに開かれている**後陣**。

◉**丸彫り**（浮彫りとは対照的に）完全に三次元で表現された彫刻作品（全身像，群像）

【※】太字は「建築用語解説」に項目がある言葉。

サンティアゴ・デ・コンポステーラに関連する簡易年表（本書の記載に基づいて作成）

年・世紀	おもな出来事
1世紀	漁師ゼベダイの子，ヤコブとその弟ヨハネが，イエス・キリストに使徒として選ばれる。
41～44年	聖ヤコブがユダヤ王ヘロデ・アグリッパによって斬首刑に処せられる。
8世紀末～	キリスト強国とイスラム教徒（ムーア人）との領土をめぐる激しい戦いがつづく。
9世紀初頭	スペインのサンティアゴ・デ・コンポステーラで聖ヤコブの墓が発見される。アルフォンソ2世がその墓跡に教会を建設する。
844年	クラビホの戦いで，聖ヤコブが戦士の姿であらわれ，イスラム軍を撃退したと伝えられる。その後，キリスト教国の王たちは，聖ヤコブを守護聖人，「ムーア人殺しの聖ヤコブ」として崇拝するようになる。
899年	巡礼者の増加に伴い，教会が大きく建て直され，国王によって聖別される。
997年	後ウマイヤ朝マンスールの攻撃を受け，教会が破壊されるが，すぐに再建が始まる。
1075年	ロマネスク様式の新しい大聖堂の建設が開始される。
1122年	カリクストゥス2世が導入した最初の「聖ヤコブ年」（7月25日が日曜日に重なる日）が祝われる。
1125年	神聖ローマ皇帝ハインリヒ5世の未亡人マティルダが巡礼する。
1137年	アキテーヌ公ギヨーム10世が，巡礼中に大聖堂の前で急死する。
1139年頃	『聖ヤコブの書』（『カリクストゥス写本』）が制作される（第5の書が『サンティアゴ・デ・コンポステーラの巡礼案内書』）。
1154年	フランス王ルイ7世が巡礼する。
1161年	レオン王フェルナンド2世が，サンティアゴ騎士団を設立する。
11～12世紀	礼拝堂や救護院が建設され，道路や橋が整備されるに伴い，サンティアゴ・デ・コンポステーラへの巡礼が盛んになる。
1211年	レオン王アルフォンソ9世が大聖堂の聖別式に出席し，その後に巡礼も

	行なう。
1213年	フランシスコ会を創設したアッシジの聖フランチェスコがこの年から1215年にかけて巡礼。
13~15世紀	巡礼が最盛期を迎える。
13世紀	ヤコブス・デ・ウォラギネが，聖ヤコブを含めた聖人伝『黄金伝説』を書き上げる。
13世紀末	アルフォンソ10世が，聖母マリアと使徒ヤコブに関する奇跡の物語が数多く収められている『聖母マリアのカンティーガ集』を編纂。
1488年	アラゴン王フェルナンド2世とカスティーリャ女王イサベル1世が巡礼する。
1509年	スペインの将軍ゴンサロ・デ・コルドバが巡礼する。
1589年	イギリスやオランダと戦闘状態にあったスペインは，聖ヤコブの遺骸を祭壇下に移すが，時とともに忘れ去られる。
16世紀後半	15世紀から始まった巡礼への懐疑論が，この時期の宗教改革とその後の宗教戦争によって頂点に達する（巡礼離れは19世紀近くまでつづく）。
17世紀末	サンティアゴ・デ・コンポステーラ巡礼者兄弟団が設立される。
18世紀	フランスでブルボン家が国王の座につき，外国との交流が活発化したことにより，サンティアゴ・デ・コンポステーラへの巡礼者が再び増加し始める。
1879年	パヤ大司教の熱心な探索の結果，聖ヤコブの遺骸が再発見される。
1884年	ローマ教皇レオ13世が，聖ヤコブの遺骸を本物と認め，主祭壇の下に地下礼拝堂が建設された。
19世紀	聖ヤコブの遺骸の再発見と，観光を目的とする旅行が一般化したことにより，巡礼が盛んになる。
1993年	スペインがEUに加盟してからはじめての，そして20世紀末最後の「聖ヤコブ年」が祝われる。

INDEX

INDEX

出典(図版)

【表紙】

表紙◉巡礼者の夫婦　フレスコ画の部分　サン・マルティーノ・デイ・ブオノーミニ教会　フィレンツェ
背景は，トゥールの眺め　アンドル・エ・ロアール県　18世紀の版画　国立図書館　パリ
裏表紙◉慈悲の行ない：巡礼宿　チェッポ病院　ピストイア
背表紙◉聖ヤコブの小像　彫刻をほどこした木　巡礼博物館　ラ・コルーニャ

【口絵】

5/13◉聖ヤコブの奇跡　聖母マリアのカンティーガ集　13世紀の写本　アルフォンソ10世の宮廷　王立エル・エスコリアル修道院図書館　マドリード
15◉聖ヤコブの肖像　画家不詳の絵画　巡礼博物館　アストルガ

【第1章】

16◉ムーア人殺しの聖ヤコブ　ペレス・デ・アレシオの絵画　16世紀　サンティアゴ教会　セビリア
17◉聖ヤコブ　『最後の晩餐』所収　フェレール・ハイメの絵画の部分　15世紀　司教区美術館　リェイダ
18◉聖ヤコブと魔術師　ヒエロニムス・ボス（1450～1516年）の絵画　美術館　ヴァランシエンヌ
18/19◉聖ヤコブの生涯の場面　アントニオ・アルベルティのプレデッラの絵画　市立美術館　カメリーノ
19◉ガリシアのイリア・フラビアで埋葬される聖ヤコブの遺骸　アストルガの絵画　ラサロ・ガルディアーノ美術館　マドリード
20◉聖ヤコブの墓を発見したテオドミルス　写本　サンティアゴ大聖堂古文書館　ラ・コルーニャ
21上◉ロンスヴォーでローランの遺骸を発見したカール大帝　『サン・ドニ年代記』所収　15世紀
21下◉アルフォンソ10世　聖母マリアのカンティーガ集　13世紀の写本　前掲書
22/23◉クラビホの戦い　フレスコ画　サン・レオカディオ　ヴィルレアル教会
23上◉鐘の運搬　木の浮彫りサンティアゴ教会　ラ・コルーニャ
24中◉サンティアゴ騎士団の十字架　主祭壇画，通称アルバロ・デ・ルナの部分　サンティアゴ礼拝堂　トレド大聖堂
24/25下◉サンティアゴ騎士団の騎士たち　写本　市立古文書館　ブルゴス
25上◉マンスールの肖像　スルバランの絵画　個人蔵　マドリード

【第2章】

26◉絞首台からおろされた死刑囚の伝説　板絵　バイエルン国立博物館　ミュンヘン
27◉サンティアゴ・デ・コンポステーラへの巡礼　M・ヴォルゲムートによる木版画　1491年　ニュルンベルク
28上◉エルサレムの地図　ランスの修道士ロベール『十字軍年代記』所収　1099年　ウプサラ　スウェーデン
28/29◉ローマの眺め　ドイツの版画　1493年
30上◉ヨルダン川で水浴する巡礼者たち　マルコ・ポーロ『東方見聞録』所収　15世紀　国立図書館　パリ
31上◉聖地へ行く巡礼者たち　同上
30/31下◉巡礼者たち　アンドレア・ボナイウートのフレスコ画の部分　14世紀　サンタ・マリア・ノヴェッラ教会　フィレンツェ
32左上◉著述するローマ教皇カリクストゥス2世　『カリクストゥス写本』所収　12世紀　大聖堂古文書館　サンティアゴ・デ・コンポステーラ
32/33中◉サンティアゴ・デ・コンポステーラへの巡礼者たちの歌　同上
33右上◉聖ヤコブの肖像　同上
34◉サンティアゴ・デ・コンポステーラへ向かうカール大帝　同上
35上◉『カリクストゥス写本』第3巻の最後のページ　同上
35下◉『カリクストゥス写本』90頁　同上
37中◉『フランスの道の案内書』1533年　1936年にボヌロ社が出版したもの　国立図書館　パリ
36/37下◉サンティアゴ・デ・コンポステーラの巡礼路　ユベール・トゥラスのオリジナル地図
38上◉聖ヤコブの奇跡　ヤコブス・デ・ウォラギネ『黄金伝説』所収　14世紀　国立図書館　パリ
38下◉巡礼者の夫婦　フレスコ画の部分　サン・マルティーノ・デイ・ブオノーミニ教会　フィレンツェ
39◉救護院の場面　聖母マリアのカンティーガ集　13世紀の写本　前掲書
40/41◉聖遺物箱の前で祈る病気の巡礼者たち　15世紀の絵画　バルベリーニ宮殿　ローマ
41右上◉ピピンの聖遺物箱　アヴェロン県
42/43上◉サンティアゴ・デ・ペニャルバ教会の十字架　10世紀　レオン考古学博物館
42下◉トゥールのサン=マルタン教会の聖堂参事会員たち　19世紀の石版画　装飾芸術図書館　パリ
43中◉馬に乗って西ゴート族と戦う聖イシドールス　刺繍された織物　10世紀　サン=イシドロ教会宝物殿　レオン
44左上◉移葬される聖ジュヌヴィエーヴの聖遺物箱　細密画　13世紀　国立古文書館　パリ
44/45◉ローマでペストを終息させるための聖大グレゴリウスの行列　細密画　『ベ

リー公のいとも豪華なる時祷書』所収　15世紀　コンデ美術館　シャンティイ
45上◉宗教行列　1660年のペスト時の奉納物　版画
46左◉通称，聖フォアのアラバスター製の携帯用祭壇　部分　コンク宝物殿　アヴェロン県
46右上◉五角形の聖遺物箱　12世紀　コンク宝物殿　アヴェロン県
47◉カール大帝の聖遺物箱　部分　コンク宝物殿　アヴェロン県
48左下◉ドニャ・ウラカのメノウの聖杯　サン=イシドロ教会宝物殿　レオン
48右下◉ベゴン3世のランプ　コンク宝物殿　アヴェロン県
48/49中◉コンク修道院付属教会　アヴェロン県　デッサン　歴史的記念建造物基金　パリ
49右◉聖フォアの人像形聖遺物箱　10世紀　コンク宝物殿アヴェロン県

【第3章】

50◉1648年のサンティアゴ・デ・コンポステーラへ向かうフランスの道　D·デルヴィオが現代に作成した地図　国立図書館　パリ
51◉サンティアゴ・デ・コンポステーラの道　スペインの道　部分　同上
52上◉サン=ギレム=ル=デゼール旧修道院　後陣から見た眺め　『歴史的記念建造物』所収の版画　国立図書館　パリ
52中◉サン=ギレム=ル=デゼール旧修道院　部分　同上
53上◉聖遺物の祭壇　サン=ギレム=ル=デゼール旧修道院　復元　国立図書館　パリ
53中◉聖ヤコブとトゥールーズ市の参事会員たち　『トゥールーズ市参事会員年代記』所収　年代記1351441年　トゥールーズ市立古文書館
52/53下◉1642年のトゥールーズの眺め　版画　国立図書館　パリ
54左上◉ル・ピュイ=アン=ヴレ　エティエンヌ・マルテランジュのデッサン　1607年　国立図書館　パリ
54/55中◉カオールのヴァラントレ橋　19世紀の版画　装飾芸術図書館　パリ
55下◉コンクの眺め　J·コニエの版画　19世紀　国立図書館　パリ
56上◉サント=マドレーヌ大聖堂　ヴェズレー　19世紀の版画　国立図書館　パリ
56/57◉サン=レオナール=ド=ノブラ教会　正面　オート=ヴィエンヌ県　19世紀のデッサン　歴史的記念建造物基金　パリ
57上◉リモージュの地図　オート=ヴィエンヌ県　16世紀　国立図書館　パリ
58◉トゥールのサン=マルタン教会　国立図書館　パリ
58/59◉パリからバイヨンヌまでの宿場路　P·デュ・ヴァルの地図　部分　1659年　国立図書館　パリ
59上◉ポワティエのノートル=ダム=ラ=グランド教会　復元　19世紀　歴史的記念建造物基金　パリ
59下◉サントの町の眺め　シャラント県　版画　国立図書館　パリ
60/61中◉ガリシアのサンティアゴ・デ・コンポステーラの道　P·デュ・ヴァルの地図　1659年　国立図書館　パリ
61上◉ブルゴスの眺め　ゲオルク・ブラウンの版画　16世紀　国立図書館　マドリード
60/61下◉サン・セバスチャンの眺め　同上
62左上◉ラ・バリエールでの馬上槍試合の場面　『フロワサールの年代記』所収の細密画　14世紀　アルスナル図書館　パリ
62右上◉アッシジの聖フランチェスコの肖像　13世紀のフレスコ画の部分　聖フランチェスコ大聖堂　アッシジ
63◉聖ヤコブの肖像　J·カロの版画　17世紀　国立図書館　パリ
64/65◉行列を組むサンティアゴ・デ・コンポステーラへの巡礼者たち　デッサン　カルナヴァレ博物館　パリ
66中◉巡礼者の持ちものの厳粛な祝福　『司教儀典書』所収の細密画　市立図書館　リヨン
66/67上◉サンティアゴ・デ・コンポステーラへの巡礼者のマント　ピレネー博物館　ルルド
67◉巡礼　通称『ブルゴーニュ公妃の時祷書』所収の細密画　1450年ころ　コンデ美術館　シャンティイ
68左上◉サンティアゴ・デ・コンポステーラ巡礼者兄弟団の書　サンリス　1690年　美術・考古学博物館　サンリス
68下◉休憩する巡礼者たち　ルーカス・ファン・レイデンの銅板画　1508年ころ　王立図書館　ブリュッセル
69◉サンティアゴ・デ・コンポステーラに向かう巡礼者たち　木のパネル　オスタル・レイエス・カトリコス　ブルゴス
70下◉「乞食たち」　ピーテル・ブリューゲル（1525～69年）の絵画　ルーヴル美術館　パリ
70/71中◉待ち伏せの場面　J·カロの『戦争の大きな惨禍』所収の版画　17世紀　国立図書館　パリ
71右◉オオカミの襲撃の場面　聖母マリアのタピスリーの部分　ロンスヴォー美術館
72/73上◉リモージュのサン=マルシアル橋　オート=ヴィエンヌ県　立面図　歴史的記念建造物基金　パリ
72下◉川に連れこまれる盲人　P·ファン・デル・ヘイデンの版画　16世紀　王立図書館　ブリュッセル
73中◉「ブルドー近郊と川」　P·デュ・ヴァルの地図　1659年　国立図書館　パリ

出典(図版)

74左上◉救護院で眠る巡礼者たち『ハンター写本252』所収の細密画の部分　大学図書館　グラスゴー
74下◉救護院で手当てを受ける巡礼者　石の群像　歴史博物館　リヨン
74/75◉「慈善」フィリップ・ガレ作とされる版画　1559年　王立図書館　ブリュッセル
76左◉サンティアゴ・デ・コンポステーラへの巡礼者たち　通称『ブルゴーニュ公妃の時祷書』所収の細密画　1450年ころ　コンデ美術館　シャンティイ
76右上◉「サンティアゴ・デ・コンポステーラの聖ヤコブの本物の肖像」版画　国立図書館　パリ
77◉聖ヤコブの像の前の巡礼者たち　ヴァンサン・ド・ボーヴェ『歴史の鑑』所収の細密画　15世紀　コンデ美術館　シャンティイ
78◉女性巡礼者の肖像　グリムーの絵画　18世紀　シャルトルーズ美術館　ドゥーエ
79◉リブルヌのサン＝ジャック礼拝堂を訪れたサンティアゴ・デ・コンポステーラへの巡礼者にあたえられた贖宥状　1605年11月21日　ジロンド県古文書館　ボルドー

【第4章】

80◉レオンのサン＝イシドロ教会の正面　版画　ラサロ・ガルディアーノ美術館　マドリード
81◉荘厳のキリスト　内陣の大理石の浮彫り　11世紀末　サン＝セルナン教会　トゥールーズ
82/83◉ポワティエのノートル＝ダム＝ラ＝グランド教会外観　写真
84左◉コンクのサント＝フォア教会の内部　11世紀　写真
84右◉コンクのサント＝フォア教会の平面図と断面図
85右上◉サンティアゴ・デ・コンポステーラ大聖堂の平面図
86◉周歩廊　聖人めぐり　サン＝セルナン教会　トゥールーズ
87右上◉「ライオンと雄羊の記号」サン＝セルナン教会にあった浮彫り　オーギュスタン美術館　トゥールーズ
87下◉騎兵　ドニャ・サンチャの石棺の部分　ベネディクト会修道院　ハカ
88◉王家の霊廟　内部　写真　レオン
89左上◉幼児虐殺　フレスコ画の部分　12世紀　レオンのサン＝イシドロ教会
89右上◉柱頭　部分　王家の霊廟　レオン
90上◉ヨブ　ノートル＝ダム＝ド・ラ・ドラード教会の柱頭の部分　オーギュスタン美術館　トゥールーズ
90中◉同上
91左◉ヘロデ王　洗礼者聖ヨハネの生涯に関する柱頭の部分　サンテティエンヌ教会　オーギュスタン美術館　トゥールーズ
91右◉ヘロデとサロメ　同上
92◉モワサックのサン＝ピエール修道院付属教会のティンパヌム　ケルシー地方　写真
93◉コンクのサント＝フォア教会のティンパヌム　アヴェロン県　写真
94/95◉ムーア人殺しの聖ヤコブの絵　王立武具博物館　マドリード
95右上◉聖ヤコブの奇跡　写本9229-30，26頁の細密画　14世紀　王立図書館　ブリュッセル
96◉聖ヤコブの奇跡　ヤコブス・デ・ウォラギネ『黄金伝説』所収　15世紀　国立図書館　パリ
97上◉聖ヤコブの奇跡　ヤコブス・デ・ウォラギネ『黄金伝説』所収　同上
97下◉聖ヤコブの奇跡　ヤコブス・デ・ウォラギネ『黄金伝説』所収　同上
98右上◉聖ヤコブ　彩色木像マドリード
98左下◉聖ヤコブ　コインブラにあった像　彩色石像　15世紀末　国立古美術館　リスボン
99◉聖ヤコブ　アンドレア・ディ・ヴァンニの絵画　カポディモンテ美術館　ナポリ
100左上◉ガリシアに運ばれる聖ヤコブの遺骸　アストルガの絵画　ラサロ・ガルディアーノ美術館　マドリード
100右上◉聖ヤコブの殉教　ジャン・フーケ『エティエンヌ・シュヴァリエの時祷書』所収の細密画　15世紀コンデ美術館　シャンティイ
101◉スペインで説教をする聖ヤコブ　画家不詳の絵画　サン・レオカディオ教会　ヴィルレアル
102◉聖ヤコブと彼の兄弟に出会うイエス・キリスト　彩色アラバスターの浮彫り　15世紀　聖遺物礼拝堂　サンティアゴ・デ・コンポステーラ大聖堂
103◉イエス・キリストと12人の使徒　同上
104◉スペインで説教をする聖ヤコブ　同上
105左◉ヘロデ・アグリッパに首を切りおとされた聖ヤコブ　同上
105右上◉ガリシアに運ばれる聖ヤコブの遺骸　同上

【第5章】

106◉栄光の門の前の巡礼者たち　サンティアゴ・デ・コンポステーラ大聖堂の内部　ペレス・ビジャミルの絵画　1850年　モンクロア宮殿　マドリード
107◉帆立貝　サンティアゴ救護院の陶製の紋章タイル　ラサロ・ガルディアーノ美術館　マドリード
108左下◉サンティアゴ・デ・コンポステーラ大聖堂の正面の立面図　カサス・イ・ノボアのデッサン　大聖堂古文書館　サンティアゴ・デ・コンポステーラ
108/109◉オブラドイロ広場　サンティアゴ・デ・コンポ

ステーラ大聖堂　写真
109右下◉大聖堂の修復計画サン・セバスチャン・デ・ロス・アサバチェロスの書　サンティアゴ・デ・コンポステーラ大聖堂
110上◉サンティアゴ大聖堂のキンターナ門の正面　ホセ・デ・ベガ・イ・ヴェルデュゴ『大聖堂修復報告書』所収のデッサン　1657年　大聖堂古文書館　サンティアゴ・デ・コンポステーラ
111上◉オブラドイロ広場　同上
110/111下◉サンティアゴ・デ・コンポステーラの町の全景　ピエル・マリア・バルディ『スペインとポルトガルへのコジモ・デ・メディチの旅』所収のデッサン　1668～69年　複製　個人蔵　マドリード
112◉使徒たち　栄光の門の部分　サンティアゴ・デ・コンポステーラ大聖堂　写真
113◉栄光の門　サンティアゴ・デ・コンポステーラ大聖堂　写真
114左◉サンティアゴ・デ・コンポステーラ大聖堂の図面集の本扉　大聖堂古文書館
114/115◉サンティアゴ・デ・コンポステーラでのアルフォンソ8世，王妃レオノール，職人頭フェランディ3世紀の写本　国立古文書館　マドリード
115右◉サンティアゴ・デ・コンポステーラの地図　部分　石版画　サルミエント研究所　サンティアゴ・デ・コンポステーラ
116左◉栄光の門の右側の側廊　サンティアゴ・デ・コンポステーラ大聖堂　写真
116右◉栄光の門の内部　サンティアゴ・デ・コンポステーラ大聖堂　写真
117◉サンティアゴ・デ・コンポステーラ大聖堂の回廊　写真
118/119◉栄光の門の前の巡礼者たち　サンティアゴ・デ・コンポステーラ大聖堂の内部　ペレス・ビジャミルの絵画　前出
120左◉聖ヤコブの騎馬像　サンティアゴ礼拝堂の祭壇画　写真　ブルゴス大聖堂
120/121◉聖ヤコブの主祭壇　サンティアゴ・デ・コンポステーラ大聖堂　写真
121右上◉聖ヤコブの聖遺物箱サンティアゴ・デ・コンポステーラ大聖堂の地下礼拝堂　写真
122◉ヘルミレス館の外観　サンティアゴ・デ・コンポステーラ　写真
123上◉コレシオ・デ・フォンセカの新しい救護院　ドミンゴ・アントニオ・デ・アンドラードのデッサン　サンティアゴ・デ・コンポステーラ大学古文書館
123下◉オスタル・レイエス・カトリコスの正面玄関　サンティアゴ・デ・コンポステーラ　写真
124◉アサバチェリア門　サンティアゴ・デ・コンポステーラ大聖堂　写真
125◉サン・マルティン・ピナリオ修道院　サンティアゴ・デ・コンポステーラ　写真
126◉サンティアゴ・デ・コンポステーラの地図　部分　石版画　前出
127上◉王立救護院　サンティアゴ・デ・コンポステーラ　写真
127下◉1700年の王立救護院設立命令書　ガリシア民族博物館　サンティアゴ・デ・コンポステーラ
128左◉聖なる門の前の巡礼者たち　19世紀のウラビエタの版画　サルミエント研究所　サンティアゴ・デ・コンポステーラ
128/129◉行列を組むサンティアゴ・デ・コンポステーラへの巡礼者たち　17世紀の版画　マザリーヌ図書館　パリ
130左上◉サンティアゴ・デ・コンポステーラへ行く巡礼者『ルーアンでマリアの無原罪の宿りを讃えた王の歌』所収の細密画　16世紀　国立図書館　パリ
130/131◉サンティアゴ・デ・コンポステーラ大聖堂内の大香炉
132◉サンティアゴ・デ・コンポステーラ大聖堂前の巡礼者たち　聖ヤコブの祝日　7月25日

【資料篇】

133◉巡礼者のしるし　王立エル・エスコリアル修道院図書館が所蔵する16世紀の写本の模写　マドリード
134◉ムーア人殺しの聖ヤコブ　12世紀の細密画　『カリクストゥス写本』所収　大学図書館　サラマンカ
135◉巡礼する聖ヤコブ　ファン・デ・フアネスの絵画　巡礼博物館　ラ・コルーニャ
136◉ガリシアに運ばれる聖ヤコブの遺骸　板絵　16世紀　画家不詳　プラド美術館　マドリード
138◉サンティアゴ・デ・コンポステーラに巡礼するドイツ人　コンラート・ヘプラー『ヘルマネス・キューニヒ・フォン・ヴァッハとサンティアゴ・デ・コンポステーラに向かうドイツ人巡礼者の巡礼案内書』所収　1899年国立図書館　パリ
142◉「怠惰な巡礼者たちの教師，偽善者ぶった乞食たちの偉大なる修道院長」　サンティアゴ・デ・コンポステーラへの巡礼者に対する風刺　イザーク・レデボア&W・コニングの版画　国立図書館　パリ
143◉ムーア人殺しの聖ヤコブ　旗　王立武具博物館　マドリード
146◉帆立貝のついた巡礼者の杖　写真
147◉サンティアゴ・デ・コンポステーラのベルギー人巡礼者　写真
148◉巡礼者たち　ドニャ・サンチャの石棺の部分　ハカ大聖堂

………………参考文献………………

『サンティヤゴ巡礼の世界』 アルフォンス・デュプロン編著　田辺保翻訳監修　原書房（1992年）

『巡礼の道　星の道　コンポステラへ旅する人びと』 ピエール・バレ／ジャン・ノエル・ギュルガン著　五十嵐ミドリ訳　平凡社（1986年）

『中世の巡礼者たち　人と道と聖堂と』 レーモン・ウルセル著　田辺保訳　みすず書房（1987年）

『巡礼の道』 渡邊昌美著　中央公論社（中公新書）（1980年）

『中世の奇蹟と幻想』 渡邊昌美著　岩波書店（岩波新書）（1989年）

『サンチャゴ巡礼の道』 イーヴ・ボティノー著　小佐井伸二／入江和也訳　河出書房新社（1986年）

『サンティヤーゴの巡礼路　柳宗玄著作選 6』 柳宗玄著　八坂書房（2005年）

『スペイン巡礼史 「地の果ての聖地」を辿る』 関哲行著　講談社（講談社現代新書）（2006年）

『黄金伝説 2』 ヤコブス・デ・ウォラギネ著　前田敬作／山口裕訳　平凡社（平凡社ライブラリー）（2006年）

『新共同訳聖書』 日本聖書協会（1987年）

CRÉDITS PHOTOGRAPHIQUES

Alsa, Barcelone 89g. Archives municipales, Toulouse 53b. Archives photo, Paris/SPADEM 48-49, 56-57, 59h, 72-73. Artephot/Toni Schneiders, Lindau, Paris 62d. Pierre Bardou 79. Bayerisches Nationalmuseum, Munich 26. Bibliothèque municipale, Lyon 66. Bibliothèque royale Albert Ier, Bruxelles 68b, 72, 74-75, 95. Bibliothèque universitaire, Glasgow 74h. Bibliothèque nationale de France, Paris 1er plat, 21h, 30, 31, 37, 38h, 52, 52-53, 53h, 54, 55, 56, 57, 58, 58-59, 59b, 60-61, 53, 70-71, 73, 96, 97b, 130, 138, 139, 144, 148. Bulloz, Paris 64-65, 76d. Jean-Loup Charmet, Paris 42, 54-55. Collection Viollet, Paris 28-29, 45, 127h, 133, 140, 151, 159, 178. Dagli Orti, Paris 18-19, 21b, 28, 32, 33, 40-41, 43, 81, 82-83, 98b, 155. Jean Dieuzaide, Toulouse 41, 46, 47, 48d, 84g, 86, 87h, 87b, 88, 89d, 90, 91, 92, 93, 108-109, 116, 117, 123b, 124, 157, 158, 163, 165, 167. D.R. 84d, 85, 110, 111, 123h, 156. Explorer/Bourdonnais, Paris, 128-129. Explorer/Charmet, Paris 27, 50, 51, 97h, 146-147. Explorer/Desmarteau 149. Giraudon, Paris 44-45, 78, 100d. Giraudon/Lauros, Paris 18, 44, 49, 62g, 64-67, 67, 76g, 77. Magnum/Barbey, Paris 132, 169. B. Mandin, Paris 68h. Oronoz, Madrid 1er plat, dos, 5, 6, 7, 8, 9, 10, 11, 12, 13, 15, 16, 17, 19, 20, 22-23, 23, 24, 24-25, 25, 34, 35, 39, 42-43, 48g, 61, 69, 71, 80, 94-95, 98h, 100g, 101, 102, 103, 104, 105, 106, 107, 108, 109, 112, 113, 114, 115, 118-119, 120, 121, 122, 126, 127b, 128, 130-131, 134, 135, 136, 143, 152. Rapho/Le Diascorn 168. Réunion des musées nationaux, Paris 70. Roger-Viollet, Paris 99, 125. Scala, Florence 4e plat, 30-31, 38b. R. Vericel, Tassin 74b.

[著者] グザヴィエ・バラル・イ・アルテ

1947年生まれ。レンヌ第2大学（フランス）名誉教授。専門は中世美術史，建築史。プリンストン高等研究所（アメリカ）の元研究員。ゲッティンゲンのドイツ・フランス史研究代表団の元団長。バルセロナ（スペイン）のカタルーニャ美術館の元館長。『ロマネスク様式の世界』（全2巻，ガリマール社，1982年～83年）など，著書多数。『西欧図像批評事典』（レンヌ大学出版局，2003年），『中世のステンドグラス美術』（マンジェス社，2004年）の監修者でもある。邦訳に，『中世の芸術』　西田雅嗣訳　白水社（文庫クセジュ）（2001年）と『美術史入門』　吉岡健二郎／上村博訳　白水社（文庫クセジュ）（1999年）がある。………

[監修者] 杉崎泰一郎《すぎざきたいいちろう》

1959年生まれ。上智大学文学部史学科卒。中央大学文学部教授。著書に『12世紀の修道院と社会』（原書房），『ヨーロッパ中世の修道院文化』（ＮＨＫ出版），訳書に『死者と生きる中世』（白水社），『千年の幸福』（共訳，新評論），監修書に本シリーズ155『シトー会』などがある。

[訳者] 遠藤《えんどう》ゆかり

上智大学文学部フランス文学科卒。訳書に本シリーズ84，93，97，100，102，106～109，114～117，121～124，126～131，134，135，137～140，142～157，『フランスの歴史［近現代史］』（明石書店）などがある。…………………

「知の再発見」双書 159

サンティアゴ・デ・コンポステーラと巡礼の道

2013年5月10日第1版第1刷発行

著者	グザヴィエ・バラル・イ・アルテ
監修者	杉崎泰一郎
訳者	遠藤ゆかり
発行者	矢部敬一
発行所	株式会社 創元社 本　　社❖大阪市中央区淡路町4-3-6 TEL(06)6231-9010㈹ FAX(06)6233-3111 URL❖http://www.sogensha.co.jp/ 東京支店❖東京都新宿区神楽坂4-3煉瓦塔ビル TEL(03)3269-1051㈹
造本装幀	戸田ツトム
印刷所	図書印刷株式会社

落丁・乱丁はお取替えいたします。

©Printed in Japan　ISBN 978-4-422-21219-7

◎好評既刊◎

B6変型判/カラー図版約200点

「知の再発見」双書
世界の宗教シリーズ16点

㉚十字軍
池上俊一〔監修〕

㊹イエスの生涯
小河陽〔監修〕

㊸イエズス会
鈴木宣明〔監修〕

㊿ローマ教皇
鈴木宣明〔監修〕

⑩キリスト教の誕生
佐伯晴郎〔監修〕

⑮宗教改革
佐伯晴郎〔監修〕

⑱旧約聖書の世界
矢島文夫〔監修〕

⑬聖書入門
船本弘毅〔監修〕

⑮聖母マリア
船本弘毅〔監修〕

⑭テンプル騎士団の謎
池上俊一〔監修〕

⑱モーセの生涯
矢島文夫〔監修〕

⑭死海文書入門
秦剛平〔監修〕

⑭ルルドの奇跡
船本弘毅〔監修〕

⑮シトー会
杉崎泰一郎〔監修〕

⑰フラ・アンジェリコ
森田義之〔監修〕

⑱モン・サン・ミシェル
池上俊一〔監修〕